Strukturoptimierung rückgekoppelter neuronaler Netze

Dissertation
zur
Erlangung des Grades
„Doktor der Naturwissenschaften“

an der Fakultät für Physik und Astronomie

der Ruhr-Universität Bochum

von
Peter Armin Stagge

aus
Tübingen

Bochum 1999

Gutachter:
Prof. Dr. rer. nat. Reinhard Schlickeiser
Prof. Dr.-Ing. Werner von Seelen

Tag der mündlichen Prüfung: 08. Februar 2000

Peter Armin Stagge

STRUKTUROPTIMIERUNG RÜCKGEKOPPELTER NEURONALER NETZE

ibidem-Verlag
Stuttgart

Die Deutsche Bibliothek - CIP-Einheitsaufnahme:

Ein Titeldatensatz für diese Publikation ist bei
Der Deutschen Bibliothek erhältlich

∞

Gedruckt auf alterungsbeständigem, säurefreien Papier
Printed on acid-free paper

ISBN: 3-89821-091-X

Printed in Germany

Vorwort des Herausgebers

Interdisziplinarität in der Wissenschaft ist zwar in aller Munde, aber mit vielen Schwierigkeiten belastet. Eines dieser Probleme betrifft die Publikationen, deren Erscheinungsort wesentlich durch das Studienfach der Autoren bestimmt wird. Dies gilt im besonderen Maße für Dissertationen.

Das Institut für Neuroinformatik der Ruhr-Universität Bochum will zur Verbesserung dieser Situation beitragen und faßt die Dissertationen eines Fachgebietes in dieser Reihe zusammen. Dankenswerterweise hat sich der ***ibidem***-Verlag bereitgefunden, diese Aufgabe publizistisch zu betreuen.

Das Fachgebiet betrifft die "Konzepte neuronaler Informationsverarbeitung". Dieser Bereich befindet sich in einer dynamischen Entwicklung und ist auf die Kooperation von Ingenieuren, Physikern, Mathematikern, Informatikern und Biologen angewiesen. Gemeinsames Ziel ist der Entwurf von Kontrollsystemen, die für diese Aufgabe Prinzipien biologischer Informationsverarbeitung für technische Aufgaben zu 'übersetzen' versuchen. Der biologische Bezug ist durch Hirnforschung und Evolution gegeben. Der Grundgedanke, der dieses Gebiet treibt, ist eine einfache Feststellung: Beim Entwurf von Systemen führt deren steigende Komplexität, ihre Nichtlinearität, die erforderliche Flexibilität und der Zwang, in natürlichen Umwelten zu operieren, zu massiven Schwierigkeiten.

Andererseits sind neuronale Systeme der existierende Beweis der Lösbarkeit dieser Probleme. Es ist somit naheliegend, Prinzipien zu übertragen, die zum Beispiel schrittweise die häufig kaum lösbare explizite Kodierung durch Methoden der 'Selbstorganisation' und des Lernens ersetzen. Neuronale Netze waren ein erster erfolgreicher Schritt. Es ist zu erwarten, daß weiterreichende Entwicklungen, die eine biologische Basis haben, möglich sind.

Diesem Sachgebiet für Dissertationen ein Forum zu schaffen ist das Ziel dieser Reihe.

Bochum, im Oktober 2000

Prof. Dr. Werner von Seelen
Institut für Neuroinformatik
Lehrstuhl für Theoretische Biologie

Danksagung

Natürlich ist das vorliegende Buch von mir; die Einflüsse und Spuren anderer, die sich hier finden lassen, gehören unweigerlich zu meinen Erfahrungen der letzten Jahre und letztlich zu mir. Ich freue mich, sie allenthalben in den Kapiteln der Arbeit zu entdecken.

Der Weg zu Titel und Inhalt der Arbeit war bereits nach dem ersten Gespräch mit Werner von Seelen und Bernhard Sendhoff klar: ein systematisches Suchen auf dem Gebiet der rückgekoppelten Netze. Die Systematik lag bei mir, in den Köpfen der Kollegen (Chef inklusive) lagen die Wegweiser und Luftschlösser. Die Strukturierung des Themas, die sich zwischen Physik, Mathematik und Informationsverarbeitung nicht aus einem fertig verfügbaren Rahmen ergeben konnte, hat mich viele Nerven gekostet. Dabei habe ich gute Freunde gewonnen und festgestellt, daß sie glücklicherweise alle unterschiedlich denken, und immer irgendeiner einen Rat oder zumindest einen krausen Einfall hat. Die angenehmste Art eine Idee zu validieren, war es sicherlich, sie von Martin Kreutz oder Christian Igel gründlich zerlegen zu lassen, um sie nachher abgespeckt aber tauglich neu zusammenzusetzen. Von niemandem ist Kritik so angenehm wie von diesen beiden. Dieses Procedere konnte auch Michael Hüsken durchführen, allerdings im O-Ton Ruhrdeutsch. Für mich als Franke „fängsse da richtig am staunen an“. Unglaublich ermunternd und aufbauend waren die Gespräche mit Bernhard, da wurden einer schönen Idee auch mal vorübergehend ein paar häßliche Details geopfert und dafür richtig große Netze gebaut. Die Sonne in unserer Arbeitsgruppe ist auf jeden Fall die Anja. Von einem Statistikvorwand ausgehend haben wir so manchen virtuellen Humpen geleert.

Ich habe in den letzten Jahren viele Äpfel gegessen, so gegen 11 und 15 Uhr mit meinem Weggefährten Jan Wiemer. Er hat den Verlauf meiner Arbeit mit allen Präideen von Schreibtisch zu Schreibtisch mitbekommen und es mir außerdem ermöglicht, bei der theoretischen Biologie mit zu arbeiten.

Diese Nische führte auch aus der Welt des Instituts heraus, direkt zu „Doc“ Spengler und Thomas Zielke. Der zweite Ausweg ging über die Botaniker, Armin Jagel et al.: Sie können die Pflanzen bei ihrem Namen nennen, eine Geschichte über sie erzählen und sich amüsieren, wenn man eine Platane der Anschaulichkeit halber „Bochumer Bommelbaum“ nennt.

Mein ganz expliziter Dank gilt Micha Neef und Arno Berg, die mit ihrer unantastbaren Kompetenz dafür gesorgt haben, daß ich noch immer vergleichsweise nichts von Computern verstehe und dennoch alles geklappt hat. Ebenso beeindruckend ist das Sekretariat. Frau Berz, Frau Weißmann und für mich auch Frau Schwalm setzten sich durch ihre direkte und persönliche Art einer wirklich großen Gefahr aus: Mit einem echten Problem wäre ich zu ihnen gekommen, und sie hätten mir bestimmt geholfen.

Meiner Familie und meiner Freundin Elke danke ich für Vieles; Ohne ihre Allgegenwart wäre das anregende wissenschaftliche Umfeld am Institut nur matt und weltabgewandt gewesen.

Inhaltsverzeichnis

Kapitel 1

Einleitung

Mit dieser Arbeit zur Strukturoptimierung rückgekoppelter neuronaler Netze ist das Ziel verbunden, für eine gegebene, konkrete Problemstellung ein Verfahren zum Finden einer Lösung bereitzustellen. Die Einschränkung auf rückgekoppelte neuronale Netze legt dabei Aufgabenstellungen aus dem Bereich Prädiktion und Modellierung fest, die gesuchten Lösungen sind dynamische Systeme. Prädiktionsfähigkeit ist für biologische und technische Systeme eine wesentliche Eigenschaft, sie ermöglicht u. a. Planung, das Überleben in einer sich ändernden Umwelt und den Entwurf komplexer technischer Systeme. Der Systementwurf ist daher schon lange Gegenstand von Forschung und Anwendung. Im linearen Bereich ist er im Rahmen der Systemtheorie gut entwickelt. Basierend auf dem Superpositionsprinzip und den auf Fourier zurückgehenden Methoden sind konstruktiv handhabbare Verfahren verfügbar. Der Übergang auf nichtlineare Systeme bereitet allerdings prinzipielle Schwierigkeiten, eine geschlossene Methode ist nicht greifbar. Die Ansätze zur Behandlung nichtlinearer Systeme gehen meist von etablierten Modellstrukturen aus, z. B. von Differentialgleichungen oder stückweise zusammengesetzten, lokalen Modellen.

Als verhältnismäßig neue Grundstruktur haben sich neuronale Netze etabliert. Ihre Struktur wird beschrieben durch die Art und Anzahl der Neurone, durch die Festlegung von Verbindungen zwischen den Neuronen und über die kontinuierlich einstellbaren Gewichtungen der Verbindungen. Zur Behandlung dynamischer Systeme bieten sich neben den vorherrschenden vorwärtsgekoppelten neuronalen Netzen, die mathematisch eine Funktion darstellen und keine eigene Dynamik besitzen, rückgekoppelte Netze an.

Rückgekoppelte Netze sind inhärent dynamische Systeme. Ihre Dynamik kann in unterschiedlich aufgebauten Netzen konzeptionell unterschiedlich eingesetzt werden. Eine Leitlinie zu ihrer Klassifizierung sind die Verhältnisse der Zeitskalen zwischen der internen Netzdynamik und der externen Signaldynamik, d. h. den Eingaben in das rückgekoppelte Netz. Die Grundstrukturen dieser Netze sind im nächsten Kapitel gemäß dieser Einteilung beschrieben.

Für die Netze, die im Rahmen dieser Arbeit zur Prädiktion von Zeitreihen verwendet werden, sind die Zeitskalen der externen und der internen Dynamik etwa gleich. Diese Tatsache verhindert gängige Verfahren zur Analyse der Dynamik über das Versklavungsprinzip (Haken 1990); insofern sind theoretische Aussagen sehr beschränkt. Diese Strukturen werden im zweiten Kapitel ausführlich vorgestellt, einschließlich der Methoden zur Festlegung der Verbindungsgewichte, dem sogenannten Lernen der Netze. Die Methoden dazu entstammen, bis auf eine, der klassischen Optimierungstheorie. Im Hinblick auf die später folgende Optimierung der Verbindungsstruktur werden sie anhand geeignet gewählter Kriterien miteinander verglichen.

Die Strukturierung der internen Dynamik während des Lernvorgangs ist eine wesentliche Eigenschaft rückgekoppelter Netze. Für die Prädiktion und Modellierung von Zeitreihen muß die Dynamik des zu beschreibenden Systems repräsentiert werden. In der nichtlinearen Dynamik wurden Grundlagen und Methoden entwickelt, um die Systemdynamik aus einer Zeitreihe zu rekonstruieren. Diese Verfahren werden im dritten Kapitel den rückgekoppelten Netzen gegenübergestellt, die die Dynamik der Signalquelle in ihrer internen Dynamik repräsentieren. Dazu wird ein Vergleich zwischen Standardverfahren und rückgekoppelten Netzen durchgeführt. Dabei erweist es sich als systematischer Vorteil und konzeptionelle Neuerung, daß bei rückgekoppelten Netzen die Repräsentation der Signaldynamik in Abhängigkeit der gewählten Struktur und der gestellten Aufgabe beim Lernen ausgebildet wird. Die Untersuchung zeigt zudem, daß die Standardverfahren unzureichend sind. Zur Analyse der Repräsentationseigenschaften rückgekoppelter Netze wird ein neues Maß aufbauend auf Größen der Informationstheorie definiert.

Der zweite Aspekt der Struktur eines Netzes ist, neben den Gewichten, die Zahl der Neurone und die Spezifizierung, welches Neuron mit welchem verbunden ist: die Verbindungsstruktur. Für eine konkrete Aufgabe ist die Abhängigkeit der Netzgüte von der Verbindungsstruktur analytisch nicht faßbar. Experimentell ist diese Abhängigkeit aber solide belegt.

Um auch bezüglich der Verbindungsstruktur problemangepaßte Modelle entwerfen zu können, eignen sich evolutionäre Optimierungsverfahren. Im vierten Kapitel wird dieser Ansatz verfolgt, allerdings nicht mit dem Ziel für ein Anwendungsproblem das optimale Netz zu finden. Vielmehr stehen zwei prinzipielle Fragestellungen evolutionärer Strukturoptimierung im Vordergrund: Erstens werden Eigenschaften der gängigsten Codierung neuronaler Netze als Verbindungsmatrizen untersucht. Diese Codierung enthält bestimmte, funktional äquivalente Netzstrukturen mehrfach. Kommen einige Strukturen sehr viel häufiger vor als andere, dann sind sie in der evolutionären Suche bevorzugt. Der zweite Aspekt ist der Umgang mit einer stark verrauschten Fitnessfunktion. Rauschen, d. h. Unsicherheiten beim Messen der Güte eines Individuums, ist für reale Probleme allgegenwärtig. Diese Fragestellung wird im Bereich der Forschung evolutionärer Algorithmen nur sehr selten beachtet. Die meisten Experimente sind dort höchstens durch die Rechenungenauigkeit verrauscht.

Für die Strukturoptimierung neuronaler Netze ist das Lernergebnis eines Netzes über die Zufallsinitialisierung der Gewichte eine Zufallsgröße; Dieser Zufallscharakter erzeugt einen hohen Rauschpegel im Vergleich zu den Güteunterschieden verschiedener Netzstrukturen. Eine systematische Analyse dieses Sachverhalts ist daher notwendig. Dabei wird zuerst an einem einfachen Modell die Auswirkung des Rauschens auf die evolutionäre Optimierung besprochen und dann eine Methode zum effizienten Umgang mit Fitnessauswertungen vorgestellt. An einem zweiten Modell wird der Effekt von Rauschen diskutiert, das für verschiedene Individuen unterschiedlich verteilt ist.

Die Erkenntnisse werden auf die Optimierung der Verbindungsstruktur rückgekoppelter Netze übertragen und umgesetzt. Eine Zusammenfassung beschließt die Arbeit.

Kapitel 2

Rückgekoppelte neuronale Netze

Neuronale Netze sind Strukturen zur Datenverarbeitung, die aus zwei Strukturelementen bestehen; aus Neuronen, die einkommende Signale zu einem Ausgangssignal verarbeiten, und aus gerichteten Verbindungen, über die Signale von einem Neuron zu anderen Neuronen übertragen werden. In künstlichen neuronalen Netzen werden die Neurone häufig gleichbedeutend auch Knoten genannt. Sie bekommen Signale, Daten von anderen Neuronen, möglicherweise auch von externen Eingängen. Jeder Eingang wird mit der Gewichtung der Verbindung bewertet und aus der Gesamtheit der Eingänge wird über eine Funktion die Ausgabe des Knotens berechnet. Schematisch ist der Zusammenhang in Fig. 2.1 verdeutlicht. Die Funktion der Neurone ist im allgemeinen nichtlinear und somit das ganze neuronale Netz. Dennoch realisiert jedes Neuron typischerweise nur eine einfache nichtlineare Funktion.

Die Merkmale der Datenverarbeitung eines neuronalen Netzes entstammen also der Kopplung vieler einfacher Knoten und nicht der Mächtigkeit eines einzelnen Neurons. Charakteristisch für die Netze ist u. a. die Robustheit gegenüber Strukturveränderungen, Robustheit gegenüber gestörten Daten und die Möglichkeit zur Anpassung an sich ändernde Randbedingungen. Biologische wie auch künstliche neuronale Netze scheinen außerdem universell zu sein, insofern als mit der gleichen Grundstruktur viele unterschiedliche Aufgaben hinreichend präzise gelöst werden können. Eine Darstellung der Prinzipien biologischer neuronaler Netze ist hier nicht möglich.

Künstliche neuronale Netze sind aus Sicht der Theorie und Anwendung solide in die Gebiete der Physik (Hertz, Krogh, und Palmer 1991), der Statistik (Bishop 1995b; Ripley 1996; MacKay 1995), der Ingenieurswissenschaft (Haykin 1994; Haykin 1998; Narendra und Parthasarathy 1990) und der Informationstheorie (Deco und Obradovic 1996) eingebettet.

Dieses Kapitel beginnt mit einer Beschreibung der Struktur künstlicher neuronaler Netze (künftig kurz neuronale Netze). Dazu werden erst vorwärtsgekoppelte neuronale Netze, ihre wesentlichen Eigenschaften sowie das gängige Lernverfahren beschrieben. Darauf aufbauend werden die Strukturen rückgekoppelter Netze eingeführt; Rückgekoppelte neuronale Netze sind eine Erweiterung der vorwärtsgekoppelten Netze, haben aber auf Grund des zusätzlichen dynamischen Aspektes eine größere Strukturvielfalt. Die mit den Grundstrukturen einhergehenden, unterschiedlichen dynamischen Eigenschaften sind grundlegend für das Verständnis und die Anwendung, daher werden die drei wesentlichen Typen vorgestellt. Der Schwerpunkt liegt dabei auf den nicht relaxierenden Netzen, die den Gegenstand dieser Arbeit darstellen.

Diese Netze lassen sich als eine Erweiterung der in der Statistik etablierten Klasse der Auto Regressive Moving Average Modelle (ARMA) auffassen. Sie lassen sich außerdem im Rahmen der Systemtheorie formalisieren. Dieser Bezug ist wichtig, da die beiden Gebiete sowohl Anwendungsfelder definieren als auch methodisch weit entwickelt sind.

Bei der Anwendung lernen neuronale Netze eine Aufgabe aus Daten . Für rückgekoppelte Netze überträgt sich das Grundprinzip des Lernens der vorher besprochenen vorwärtsgekoppelten Netze. Das Lernen funktioniert gradientenbasiert, die genaue Berechnung der Gradienten der Fehlerfunktion wird hier durchgeführt und die Resultate verschiedener Lernverfahren verglichen. Für den Vergleich werden Kriterien definiert, die im Bezug zu der Aufgabe der Strukturoptimierung mit evolutionären Algorithmen stehen.

Am Ende des Kapitels sind kurz einige theoretische Erkenntnisse über die verwendeten neuronalen Netze zusammengefaßt.

2.1 Vorwärtsgekoppelte neuronale Netze

2.1.1 Funktion und Struktur

Vorwärtsgekoppelte neuronale Netze (FFNN) sind mittlerweile ausführlich erforscht und in Lehrbüchern dargestellt (Hertz, Krogh, und Palmer 1991; Haykin 1998; Bishop 1995b; Rojas 1993; Deco und Obradovic 1996). Da es keinen konstruktiven Entwurfsprozeß für neuronale Netze gibt, werden sie in der Anwendung häufig durch Ausprobieren und mit viel Erfahrung konfiguriert. Auch diese Tricks, die sich aus der Theorie motivieren aber meist nicht beweisen lassen, sind gut zusammengefaßt (Orr und Müller 1998). Die Einführung der FFNN beschränkt sich daher auf Aspekte, die für die weitere Arbeit wichtig sind.

Die Eigenschaften der Neurone, wie sie schon kurz beschrieben wurden, ergeben mathematisch für ein Neuron j folgenden Zusammenhang:

$$y_j = \sigma_j\left(\sum_i w_{ji}x_i\right) = \sigma_j\left(\mathbf{w}_j^t\mathbf{x}\right) \quad ,$$

wobei die Summe i über alle Eingänge x_i des Neurons j läuft. Die w_{ji} sind die Gewichte der Eingänge von Neuron i zu Neuron j, und $\sigma_j(\cdot)$ ist die Aktivierungsfunktion des Neurons. In fast allen Situationen erhalten die Neurone einen zusätzlichen Eingang, der konstant 1 ist. Das Gewicht der Verbindung zu diesem Eingang wird als Schwelle bezeichnet, hier ϑ_j. Der Extraeingang $x_0 = 1$ wird im Folgenden nicht explizit mit aufgeführt. Damit ergibt sich die Funktion eines Knotens zu[1]:

$$y_j = \sigma_j\left(\sum_i w_{ji}x_i + \vartheta_j\right) = \sigma_j\left(\mathbf{w}_j^t\mathbf{x} + \vartheta_j\right) \quad . \tag{2.1}$$

Für die Aktivierungsfunktion σ_j gibt es verschiedene Möglichkeiten, folgende drei Typen sind am gebräuchlichsten:

Es gibt lineare Knoten mit $\sigma(x) = a \cdot x$, wobei $a \in I\!R$. Ein neuronales Netz aus ausschließlich linearen Neuronen ergibt als Komposition linearer Funktionen eine lineare Funktion.

Die verwendeten nichtlinearen Aktivierungsfunktionen lassen sich in zwei Klassen einteilen: lokale und nichtlokale oder globale Aktivierungsfunktionen. Die Klasse der lokalen Aktivierungsfunktionen kennzeichnet sich dadurch, daß $\sigma(x) \approx$ const für einen großen Teil des Definitionsbereichs, z. B. bei einer Gaußfunktion. Solche neuronalen Netze heißen radiale Basisfunktionsnetzwerke (RBFN), sie werden hier nicht weiter verwendet.

Für die Netze, die in dieser Arbeit besprochen werden, sind folgende globalen

[1]Künstliche Neurone haben im Gegensatz zu ihrem biologischen Pendant keine Dynamik.

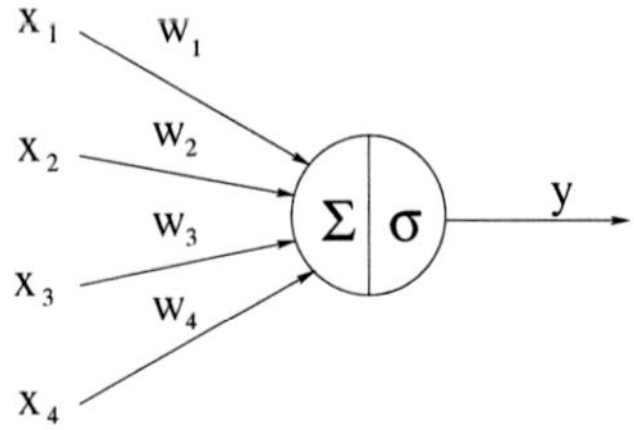

Abbildung 2.1: Schemazeichnung eines Neurons: Das Neuron summiert die gewichteten Eingänge und berechnet aus der Summe mittels der Aktivierungsfunktion den Ausgang.

Aktivierungsfunktionen typisch:

$$\begin{aligned}\sigma(x) &= \tanh(x) = \frac{e^x - e^{-x}}{e^x + e^{-x}} \quad , \\ \sigma(x) &= \frac{1}{1+e^{-x}} \quad , \\ \sigma(x) &= \frac{x}{(1+\|x\|)} \quad .\end{aligned}$$

Die Funktionen haben das Sättigungsverhalten gemeinsam, d. h. $\sigma(x) \rightarrow c_1$ für $x \rightarrow -\infty$ und $\sigma(x) \rightarrow c_2$ für $x \rightarrow +\infty$, außerdem sind sie streng monoton steigend und aus C^∞, d. h. unendlich oft differenzierbar. Welche der Aktivierungsfunktionen zur Anwendung kommt, macht keinen prinzipiellen Unterschied. Ein typisches Neuron mit seiner Aktivierungsfunktion ist in Abb. 2.1 dargestellt.

Neuronale Netze ergeben sich durch die Verkopplung dieser Neurone. Vorwärtsgekoppelte Netze sind azyklisch, d. h. auch über Zwischenstationen beeinflußt der Ausgang eines Knotens seinen eigenen Eingang nicht. Sie sind fast immer schichtorientiert aufgebaut, Abb. 2.2 verdeutlicht das. Eine Schicht besteht aus Neuronen, die keine Verbindungen untereinander haben. In der Standardstruktur sind sie mit den Neuronen der vorhergehenden und der nächsten Schicht vollständig verbunden; diese Struktur heißt auch mehrschichtiges Perceptron.

Externe Daten $\mathbf{x}$ bilden die Eingänge für die erste Schicht, die Knotenausgaben aus der letzten Schicht stellen die Netzausgabe $\mathbf{o}$ dar. Der Datenfluß

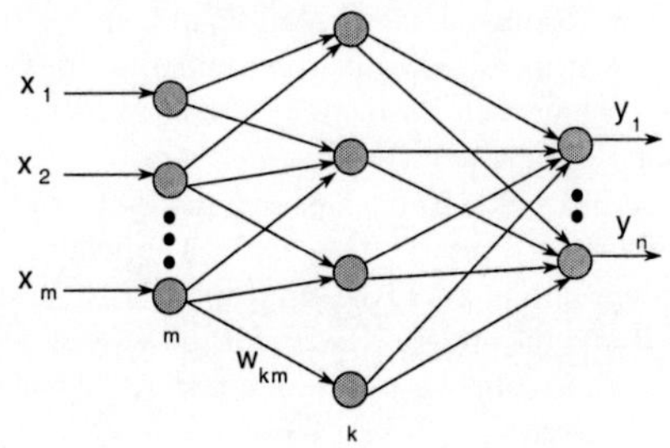

Abbildung 2.2: Nicht vollverbundenes vorwärtsgekoppeltes neuronales Netz mit einer Eingabeschicht einer verborgenen Schicht und einer Ausgabeschicht. Der Datenfluß verläuft von links nach rechts.

geht von der Eingangsschicht zur Ausgangsschicht. Das neuronale Netz mit den als Vektor $\mathbf{w}$ zusammengefaßten Gewichten und Schwellen realisiert damit eine Funktion:

$$F(\cdot;\mathbf{w}) : I\!R^m \rightarrow I\!R^n \quad , \quad F(\mathbf{x};\mathbf{w}) = \mathbf{o} \quad .$$

Vielfach werden Standardstrukturen mit einer verborgenen Schicht eingesetzt. Der Funktionsraum, der von einer solchen Struktur mit linearen Ein- und Ausgangsneuronen und nichtlinearen Aktivierungsfunktionen realisiert werden kann, ist dicht im Raum der stetigen Funktionen im Sinne der gleichmäßigen Konvergenz auf kompakten Gebieten (Attali und Pagès 1997). Der Beweis ist nicht konstruktiv, d. h. es lassen sich daraus keine Methoden ableiten, optimale Strukturen, z. B. im Sinne möglichst weniger Knoten, zu finden. Nur Aussagen über den Zusammenhang zwischen der Anzahl der verdeckten Knoten und der $\mathcal{L}^p$-Norm der darstellbaren Funktion werden gemacht.

Das Konzept der einschichtigen neuronalen Netze ist unabhängig unter dem Begriff „Projection Pursuit“ in der Statistik entwickelt worden (Huber 1985), und in dem Zusammenhang ist das Approximationsprinzip der einschichtigen Netze gut ersichtlich: Solche Netze mit einem linearen Ausgangsknoten: $o = \sum_i v_i \sigma_i(\sum_j w_{ij} x_j)$ stellen eine mit v_i gewichtete Überlagerung von Basisfunktionen $\sigma_i(\cdot;\mathbf{w_i})$ dar, ähnlich einer Fourierentwicklung. Da aber die Basisfunktionen von den Gewichten $\mathbf{w}_i$ abhängen, ist die Einstellung der Gewichte eine nichtlineare Optimierungsaufgabe. Im Gegenzug können die Basisfunktionen selber dem Problem angepaßt werden, und so kann eine Funktionsapproximation mit wenigen freien Parametern erreicht werden.

Für einschichtige neuronale Netze läßt sich die Bedeutung der verdeckten Knoten in gewissen Grenzen interpretieren: Der Gewichtsvektor $\mathbf{w}_i$ des Knotens j teilt den Datenraum in zwei Klassen: Eine Klasse für die $\mathbf{w}_i^t\mathbf{x} > 0$ und damit $\sigma_i(\mathbf{x}; \mathbf{w}_i) > 0$ und die andere Klasse, für die $\sigma_i(\mathbf{x}; \mathbf{w}_i) < 0$ ist: Im Rahmen einer Klassifizierungsaufgabe teilt die mittels $\mathbf{w}_i$ definierte Hyperebene den Datenraum in Klassen ein (Rojas 1993).

Trotz dieser Einsichten in einschichtige vollverbundene Netzstrukturen hat sich gezeigt, daß problemangepaßte Strukturen mitunter viel besser sind. Das beinhaltet sowohl Beispiele, in denen zwar eine Schicht ausreicht, aber nicht alle Verbindungen nötig sind (Gayko et al. 1997) als auch Aufgaben, die durch Netze mit mehreren verdeckten Schichten besser gelöst werden (Braun 1997). Die Strukturfindung wird systematisch in Kap. 4 behandelt.

2.1.2 Lernen vorwärtsgekoppelter Netze

Für eine konkrete Aufgabe soll ein neuronales Netz eine Funktion lernen, die durch Datenpaare $\{(\mathbf{x}^{(k)}, \mathbf{d}^{(k)})\}_{k=1,\ldots,N}$ beschrieben ist. Zu diesem Zweck wird eine differenzierbare Fehlerfunktion $E(\mathbf{w})$ definiert, die von den Gewichten $\mathbf{w}$, den Sollwerten $\mathbf{d}^{(k)}$ und den Netzausgaben $\mathbf{o}^{(k)} = \mathbf{o}(\mathbf{x}^{(k)})$ abhängt. Die Lernverfahren beruhen auf einem Abstieg der Fehlerfläche $E(\mathbf{w})$ mit Hilfe der Information über den Gradienten $\frac{\partial E}{\partial \mathbf{w}}$. Die Gradientenberechnung basiert auf dem sogenannten „backpropagation“ Algorithmus (Rumelhart, Hinton, und Williams 1986), der in Kap. 2.5 auf rückgekoppelte neuronale Netze erweitert wird. Er besteht in einem systematischen Vorgehen zu Berechnung der partiellen Ableitungen, für das folgende Notation benutzt wird:

$v_i = \sum_j w_{ij} x_i$	:	gewichtete Summe der Eingänge zu Neuron i ,
$y_i = \sigma(v_i)$	:	Ausgang des Neurons i ,
O	:	Indexmenge der Ausgangsneurone .

Exemplarisch wird hier der mittlere quadratische Fehler definiert:

$$E(\mathbf{w}) = \frac{1}{N}\sum_{k=1}^{N} e^{(k)}(\mathbf{w}) = \frac{1}{N}\sum_{k=1}^{N} \|\mathbf{o}^{(k)}(\mathbf{w}) - \mathbf{d}^{(k)}\|^2 = \frac{1}{N}\sum_{k=1}^{N}\sum_{l\in O}(y_l^{(k)} - d_l^{(k)})^2 \tag{2.2}$$

Wie die Fehlerfunktion, so ist auch der Gradient eine Summe über Anteile einzelner Daten. Es genügt also, die Gradientenberechnung für ein Datum herzuleiten. Die systematische Rechnung erfolgt für die Hilfsgröße $\delta_i = \frac{\partial e}{\partial v_i}$.

Die M Neurone im Netz seien so indiziert, daß der Informationsfluß von den Neuronen mit dem kleinen Index zu den mit dem größten Index verläuft.

Die Berechnung der δ_i geschieht von hinten nach vorne, d. h. in der Reihenfolge der Neurone i: $i = M, M-1, \ldots, 1$. Für ein Ausgabeneuron l ergibt das:

$$\delta_l = \frac{\partial e}{\partial v_l} = \frac{\partial (y_l - d_l)^2}{\partial v_l} = 2\,(y_l - d_l)\,\frac{\partial y_l}{\partial v_l} = 2\,(y_l - d_l)\,\sigma'(v_l) \quad . \tag{2.3}$$

Ein Knoten i in einer verdeckten Schicht gibt über die Verbindungen w_{ri} seine Ausgabe y_i an in Richtung Ausgang liegende Knoten r weiter; daher gilt:

$$\delta_i = \frac{\partial e}{\partial v_i} = \sum_r \frac{\partial e}{\partial v_r}\frac{\partial v_r}{\partial v_i} = \sigma'(v_i) \sum_r \delta_r\, w_{ri} \quad , \tag{2.4}$$

dabei läuft die Summe über die Knoten r, an die Neuron i seine Ausgabe weiterleitet. Nachdem alle Werte δ_i berechnet sind, ergibt sich die Ableitung nach den Gewichten zu:

$$\frac{\partial e}{\partial w_{ij}} = \frac{\partial e}{\partial v_i}\frac{\partial v_i}{\partial w_{ij}} = \delta_i\, x_j \quad , \tag{2.5}$$

dabei ist x_j die Eingabe für Neuron i via Verbindung w_{ij}.

Vergleicht man die Gleichung, die den Datenfluß durch das Netz beschreibt: $y_i = \sigma(\sum_j y_j w_{ij})$ mit der Gleichung für die Fehlerrückführung: $\delta_j = \sigma'(v_j)(\sum_i \delta_i w_{ij})$, so fällt auf, daß für die Fehlerrückführung das ursprüngliche Netz rückwärts durchlaufen wird. Dabei bilden die Fehler an der Ausgangsschicht die Eingangssignale, Gl. 2.3. Gleichung 2.4 ist linear in den zurückpropagierten Fehlern δ_r. Von dieser Linearität wird bei der Berechnung des Gradienten für rückgekoppelte Netze Gebrauch gemacht.

2.2 Grundstrukturen rückgekoppelter Netze

Rückgekoppelte neuronale Netze (RNN) sind von ihrer Struktur eine naheliegende Erweiterung der vorwärtsgekoppelten neuronalen Netze, Sie bestehen aus denselben Grundelementen. Die Erweiterung besteht darin, daß zwischen allen Knoten Verbindungen zugelassen sind und somit Zyklen entstehen können. Neben der reinen Graphstruktur eines neuronalen Netzes muß auch die Abfolge der Verarbeitung im Netz festgelegt werden. Dieser Strukturaspekt erlaubt für RNN eine Vielzahl unterschiedlicher Strukturen.

Allen RNN ist zueigen, daß sie dynamische Systeme sind. Mit $\mathbf{x}(t)$ als externen Eingaben und $\mathbf{y}(t)$ als Aktivitätsvektor der Neurone gilt:

$$\mathbf{y}(t) = F(\mathbf{x}(t), \mathbf{y}(t-1)) \quad , \tag{2.6}$$

während für vorwärtsgekoppelte neuronale Netze gilt:

$$\mathbf{y}(t) = F(\mathbf{x}(t)) \quad . \tag{2.7}$$

Für die RNN sind also die internen Zustände für den nächsten Zeitschritt wichtig. Die Netzausgabe ist in beiden Fällen eine Funktion der Aktivierungen der Neurone: $\mathbf{o}(t) = H(\mathbf{y}(t))$.

Mathematisch sind RNN keine Funktionen, sondern Operatoren, die eine Funktion $\mathbf{x}(t)$ auf eine Funktion $\mathbf{o}(t)$ abbilden. Ansätze zu ihrer Untersuchung im Rahmen der nichtlinearen Funktionalanalysis, die sich mit Operatoren beschäftigt, sind dennoch selten (Chen und Chen 1995).

Von der Sichtweise RNN als dynamisches System ist intensiver Gebrauch gemacht worden, sowohl zur Analyse als auch zur Konstruktion. Die sich anbietende Beschreibungsebene ist die Übertragung von Ergebnissen der Theorie nichtlinearer Differentialgleichungen (Guckenheimer und Holmes 1983; Jetschke 1989) auf zeitdiskrete Systeme. Dabei werden hauptsächlich die Fixpunkte, das dynamische Verhalten in ihrer Umgebung sowie die Veränderung der Fixpunkte in Abhängigkeit von Kontrollparametern untersucht. Diese Theorie geht meist von autonomen und nicht von getriebenen dynamischen Systemen aus, d. h. $\mathbf{y}(t) = F(\mathbf{y}(t-1))$ ohne externes Signal $\mathbf{x}(t)$. Analyse und Nutzung RNN im Rahmen dieser Theorie ist daher nur möglich, wenn die Zeitskalen der externen Dynamik $\mathbf{x}(t)$ und der internen Dynamik $\mathbf{y}(t)$ so getrennt sind, daß man davon ausgehen kann, daß die interne Dynamik $\mathbf{y}(t)$ „nahe" am Attraktor ist. Die $\mathbf{y}(t)$ Dynamik wird als relaxiert betrachtet und nach dem Versklavungsprinzip (Haken 1990) von der langsameren $\mathbf{x}(t)$ Dynamik determiniert. Diese Art RNN heißt relaxierende rückgekoppelte neuronale Netze.

Alternativ gibt es die nicht relaxierenden Netze, für die die relevanten Zeitskalen nicht getrennt sind. Sie werden für Prädiktionsaufgaben (Conner et al. 1994; Kermanshahi 1998) z. B. der Kontroll- und Regelungstechnik angewendet (Narendra et al. 1990; Puskorius et al. 1994). Methoden zur Analyse gibt es auf dem Gebiet wenig: Es wurden Stabilitätskriterien (Suykens, Vandewalle, und De Moor 1995) und Verfahren zur Analyse der Aktivitäten $\mathbf{y}(t)$ (Elman 1993; Pedersen 1997) entwickelt. Ein neues Verfahren zur Analyse der Aktivitäten wurde im Rahmen der vorliegenden Arbeit entwickelt (Stagge und Sendhoff 1999), Abschnitt 3.3.

Lineare rückgekoppelte neuronale Netze sind im Rahmen der linearen Systemtheorie handhabbar und eingehend untersucht worden. Dabei erlaubt die Gültigkeit des Superpositionsprinzips die getrennte Behandlung einzelner Netzwerkkomponenten und danach das Zusammenfügen zur Gesamtfunktion. Außerdem läßt sich ein lineares Netz unabhängig von einem Netzeingang durch die Impulsantwort beschreiben[2]. Diese Eigenschaften gehen bei der Betrachtung nichtlinearer Netze verloren.

2.2.1 Relaxierende rückgekoppelte Netze

Es gibt hauptsächlich zwei Typen relaxierender RNN. Erstens die sogenannten Boltzmann Maschinen und Hopfield Netze, bei denen das externe Signal tatsächlich konstant ist und die interne Dynamik der „Berechnung“ der Ausgabe dient und zweitens neuronale Felder, bei denen die externe Dynamik sehr viel langsamer ist als die interne.

Boltzmann Maschinen

Boltzmann Maschinen (Hinton und Sejnowski 1986) sind stochastische RNN und dienen als Assoziativspeicher. Sie bestehen aus sichtbaren und verborgenen Knoten, verborgene Knoten sind an Ein– und Ausgabe nicht beteiligt. Die Knoten haben zwei mögliche Zustände $y_i \in \{-1, 1\}$. Zwischen allen Knoten sind Verbindungen zugelassen, nur eine Rückkopplung eines Knotens auf sich selbst ist unzulässig. An die Gewichte besteht die Einschränkung, daß

[2]Die Beschreibung durch die Impulsantwort erlaubt es, ein System, das für die Lösung einer speziellen Aufgabe entworfen werden soll, erstmal unabhängig von der Aufgabe zu charakterisieren. Will man hingegen ein nichtlineares neuronales Netz unabhängig von der Aufgabe, d. h. dem Datensatz beschreiben, so muß man erheblich einschränkende Grundannahmen entweder an das Optimierungsproblem machen, z. B. daß es konvex ist, oder an die Abhängigkeiten die aus den Daten zu lernen sind, z. B. daß Ein- und Ausgangsdaten statistisch unabhängig sind (Goerick 1998). Diese Einschränkungen führen dazu, daß die Aussagen nur Modellcharakter haben.

sie symmetrisch sein müssen, d. h. $w_{ij} = w_{ji}$. Ihre Zustände gehorchen einer bipolaren Aktivierungsfunktion. Sei $v_i = \frac{2}{T} \sum_j w_{ij} y_j + \vartheta_i$, dann gilt:

$$y_i = \begin{cases} +1 & \text{mit Wahrscheinlichkeit } \frac{1}{1+e^{-v_i}} \\ -1 & \text{sonst} \end{cases} . \tag{2.8}$$

Dabei ist $T \geq 0$ ein Kontrollparameter. Die zeitliche Organisation des stochastischen Netzes ist folgendermaßen: Gleichverteilt wird aus den Neuronen eines gezogen und entsprechend Gleichung 2.8 ausgewertet und aktiviert.

Für $T = 0$ ist die Größe:

$$E(\mathbf{w}, \mathbf{y}) = -\frac{1}{2} \sum_{i,j} w_{ij} y_i y_j$$

eine Liapunovfunktion, die im Fixpunkt minimal ist. D. h. im zeitlichen Verlauf konvergiert das Netz zu einem festen Zustand $\mathbf{y}$. Diese Eigenschaft beruht auf der Symmetrie der Verbindungen w_{ij}. Für $T \neq 0$ ist jeder Zustand $\mathbf{y} \in [-1, 1]^n$ erreichbar. Das Boltzmann Netz erreicht dann einen Gleichgewichtszustand, d. h. die Wahrscheinlichkeitsverteilung für $\mathbf{y}$ wird stationär und ist durch die Boltzmann Verteilung gegeben:

$$P(\mathbf{y}) = \frac{\exp(-E(\mathbf{y})/T)}{\sum_{\mathbf{y}_i \in [-1,1]^n} \exp(-E(\mathbf{y}_i)/T)}$$

Die Wahrscheinlichkeitsverteilung folgt z. B. aus dem Prinzip der detaillierten Ballance. Werden die Aktivitäten der sichtbaren Knoten festgesetzt, so relaxieren die Aktivitäten aller anderer Knoten zu einer stationären Verteilung P. Das Lernziel ist vorgegeben durch eine Sollverteilung Q der Knotenaktivitäten und das Lernen geschieht durch Gradientenabstieg auf dem Kullback Leibler Abstand der beiden Verteilungen P und Q: $D(P \| Q)$. Die Lernregel wurde in (Hinton und Sejnowski 1986) vorgestellt.

Genutzt werden diese Netze als Assoziativspeicher, d. h. Eingabevektoren $\mathbf{x}^i$ sollen mit Ausgabevektoren $\mathbf{z}^i$ verknüpft werden. Neben der Berechnung von $\mathbf{z}^i = f(\mathbf{x}^i)$ wird erwartet, daß Eingabevektoren $\tilde{\mathbf{x}}^i$ in der Nähe von $\mathbf{x}^i$ ebenfalls auf $\mathbf{z}^i$ abgebildet werden. Dabei stellt sich das Problem, daß die Anzahl an Mustern, die in einem solchen Netz gespeichert werden kann, limitiert ist. Letztlich realisiert das Netz also eine Funktion mit einer endlichen Anzahl von Fixpunkten als Wertemenge. Die Dynamik des Netzes wird allein für die Berechnung der Funktion genutzt.

Neuronale Felder

Die neuronalen Felder (Amari 1977) wurden als rückgekoppelte Modelle neurobiologischer Informationsverarbeitung eingeführt, im Gegensatz zu den anderen hier betrachteten neuronalen Netzen, die nicht explizit zu Modellierung neuronaler Vorgänge konzipiert wurden. Die Idee besteht in einer geschichteten Anordnung von Neuronen, eindimensional auf einer Kette oder zweidimensional in einer Ebene, die lokal mit ihren Nachbarn wechselwirken. Dabei führen Aktivitäten naher Nachbarn zu einer Anregung, weiter entfernter Nachbarn zu einer Hemmung eines Neurons. Sehr weit entfernte Neurone beeinflussen sich nicht direkt. Die Aktivierung eines Neurons hängt von seinem eigenem Zustand, den Aktivierungen der Nachbarn, sowie zusätzlichen externen Eingängen ab.

Wenn man die Neurone als kontinuierliches Feld in Abhängigkeit von der Position x beschreibt und die Aktivierung u des Neurons als $u(x,t)$ bezeichnet, dann ergibt sich die Dynamik eines neuronalen Feldes zu:

$$\tau\dot{u}(x,t) = -u(x,t) + \int K(x-x^{'})\sigma(u(x^{'},t))\mathrm{d}x^{'} - h + S(x,t) \quad \text{, wobei} \tag{2.9}$$

h eine konstante Schwelle, $S(x,t)$ der externe Stimulus und σ eine nichtlineare Schwellenfunktion ist. Die Zeitskala der Dynamik wird durch τ bestimmt. Der Wechselwirkungskern $K(x-x^{'})$ beschreibt die Gewichte der Verbindungen zwischen Neuronen an der Position x und $x^{'}$ und wird entsprechend lokaler Exitation und weiterreichender Inhibition häufig als „Mexican hat“ gewählt.

In Abhängigkeit vom Kern und den Parametern können Regime eingestellt werden, in denen es bei einem kurzen externen Input eine stationäre und räumlich lokalisierte Anregung $u(x,t)$ gibt. Die Dynamik des Feldes hat also einen einfachen Attraktor, einen Fixpunkt. Der Ort maximaler Anregung, $x^*(t)$, hängt von dem externen Stimulus und der Aktivierung ab, die vor dem Stimulus im Feld herrschte.

Von dieser einfachen Attraktorstruktur kann konstruktiv Gebrauch gemacht werden: Die Dynamik von $x^*(t)$ kann zur Lösung einer konkreten Aufgabe speziell entworfen werden. $S(x,t)$ sind dann Messungen, die ein gewünschtes Systemverhalten determinieren, und $x^*(t)$ wird zur Steuerung des Systemverhaltens genutzt. Dabei hängt $x^*(t)$ nicht nur von den momentanen Messungen ab, sondern auch vom aktuellen Zustand des Feldes $u(x,t)$. Dabei geht man davon aus, daß die Felddynamik auf einer schnelleren Zeitskala abläuft als die Dynamik des externen Stimulus. Unter dieser Voraussetzung erlauben Methoden der Fixpunktanalyse eine Analyse des Feldes und einen systematischen Entwurf.

2.2.2 Nicht relaxierende rückgekoppelte Netze

Der prinzipielle Gegensatz nicht relaxierender zu den besprochenen relaxierenden RNN ist die unterschiedliche Zeitstruktur. Die Dynamik des externen Signals und der internen Dynamik sind nicht mehr entkoppelt. Das Anwendungsfeld dieser Netze ist die Modellierung und Prädiktion von Zeitreihen. Da Prädiktion eine Teilaufgabe vieler Problemstellungen ist, sind RNN Strukturen für unterschiedliche Problembereiche entwickelt worden, zur Spracherkennung (Elman 1990), für die Identifikation endlicher Automaten (Omlin und Giles 1996), als nichtlineare statistische Modelle (Conner et al. 1994) sowie zur Systemidentifikation und in Kontrollsystemen (Suykens et al. 1995).

In diesen Bereichen wurden Standardstrukturen definiert. Die Strukturvorgaben beziehen sich größtenteils auf Anordnung von Neuronen in Schichten. Schichten, die miteinander verbunden sind, werden dann als vollverbunden gesetzt. Ein zweites Kriterium zur Einteilung der Strukturen ist die zeitliche Organisation des Ablaufs im Netz, die festlegt, welche Verarbeitung innerhalb eines Zeitschritts im neuronalen Netz erfolgt. Verknüpfungs- und Zeitstrukturen RNN sind teilweise Ergebnisse der Entwicklung von Algorithmen, dennoch sollen die Strukturen hier nicht nach der Entwicklung der Algorithmik eingeführt werden.

Zeitstruktur nach Williams und Zipser

Von Williams (1989) wurde ein sehr gebräuchlicher Algorithmus eingeführt, der eine bestimmte Zeitstruktur für ein RNN definiert aber keine Vorgaben für die Verbindungsstruktur macht. Die Netzstruktur ist eine diskrete Version der bereits angesprochenen neuronalen Felder oder der Boltzmann Maschinen. Jedes Neuron kann mit jedem anderen verbunden sein. Einige sonst nicht weiter ausgezeichnete Neurone bekommen einen externen Eingang. Ein externer Eingang wird genauso gehandhabt wie ein Eingangswert von einem anderen Neuron. Bezeichne $v_i(t)$ die gewichtete Summe der Eingänge für

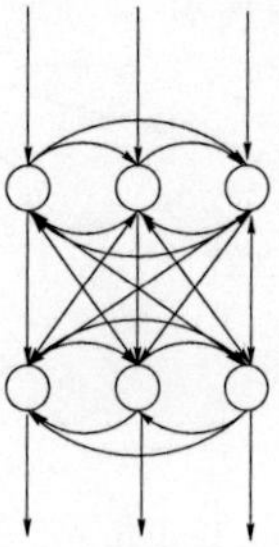

Abbildung 2.3: Vollverbundenes rückgekoppeltes neuronales Netz.

Neuron i und $y_i(t)$ dessen Ausgang, so ergibt sich die Netzdynamik:

$$y_i(t+1) = \sigma(v_i(t)) = \sigma(\sum_j w_{ij} y_j(t) + \vartheta_i) \quad . \tag{2.10}$$

Bei dieser Struktur werden in einem Zeitschritt alle Neurone gleichzeitig bearbeitet. Stellt man sich ein neuronales Netz als Graph mit Knoten und gerichteten Verbindungen zwischen den Knoten vor, so ist mit jeder Verbindung ein Verzug von einem Zeitschritt verbunden. In Abbildung 2.3 sieht man, daß für die Ausgabeknoten im Zeitschritt t die Netzeingabe zur Zeit t nicht zur Verfügung steht. Erst im nächsten Zeitschritt haben die Eingabeknoten die Daten an die Ausgabeknoten weitergegeben. Für eine Aufgabenstellung, bei der die aktuellen Eingabedaten wichtig für die Berechnung der Sollausgabe sind, z. B. für Prädiktion, ist die Zeitstruktur des Netzes nicht gut geeignet. Diese Tatsache wird zuweilen nicht beachtet (Mak, Ku, und Lu 1999).

Die Einführung von Lernalgorithmen für rückgekoppelte neuronale Netze basiert meist auf Netzen mit der hier angegebenen Zeitstruktur (Williams 1989; Haykin 1998). Auf andere Zeitstrukturen müssen die Algorithmen entsprechend übertragen werden.

Elman Netz, Jordan Netz und Erweiterung

Zur Prädiktion besser geeignet sind Strukturen, bei denen ein vorwärtsgekoppelter Netzanteil um Rückkopplungsverbindungen erweitert ist (Jordan 1986; Narendra et al. 1990; Puskorius et al. 1994; Suykens et al. 1995; Stagge

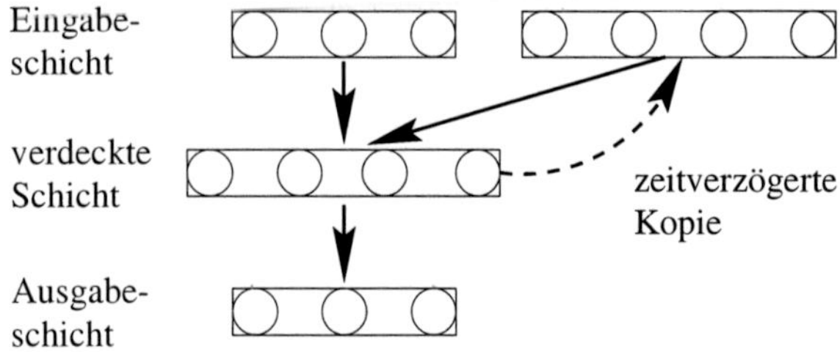

Abbildung 2.4: Elman Netz: Die Pfeile bedeuten vollverbundene Schichten. Die Ausgänge der Knoten der verdeckten Schicht werden kopiert und im stellen im nächsten Zeitschritt einen zusätzlichen Eingang für die verdeckte Schicht dar.

et al. 1997). Eine solche Struktur wurde von Elman (1990) (1988 als Tech. Report) eingeführt, unabhängig auch in (Robinson und Fallside 1988). Diese Strukturen (bis auf (Stagge und Sendhoff 1997)) sind schichtbasiert, im Falle des Elman Netzes gibt es eine Eingangs-, eine verdeckte und eine Ausgabeschicht; die Schichten sind jeweils vollverbunden, vgl. Abb. 2.4. Die Dynamik des Netzes ist durch die Gleichungen für die Neurone der verdeckten und der Ausgangsschicht gegeben:

$$y_i(t) = \sigma\left(\sum_j w_{ij}x_j(t) + \sum_j r_{ij}y_j(t-1) + \vartheta_i\right) \quad \text{, und} \tag{2.11}$$

$$o_i(t) = \sigma\left(\sum_j v_{ij}y_j(t+1) + \vartheta_i\right) \quad , \tag{2.12}$$

wobei $\mathbf{x}$ die Netzeingabe, $\mathbf{o}$ die Netzausgabe und $\mathbf{y}$ die Ausgabe der Knoten der verdeckten Schicht sind.

Die Struktur wurde für das Lernen der Grammatik einer Sprache konzipiert: Aus einer Sprache mit wenigen Worten und leichter Grammatik dienten entsprechend codierte Wortfolgen einfacher Sätze als Netzeingang. Das Netz sollte das nächste Wort vorhersagen. Diese Aufgabe ist nicht eindeutig, aber auf Grund der Grammatik können in bestimmten Satzstrukturen beispielsweise nur Adjektive kommen, oder nur Substantive. Das Netz war in der Lage diese Eigenschaften zu lernen, d. h. die Grammatik aus Sprachbeispielen zu erschließen.

Zur Untersuchung des gelernten Zusammenhangs wurden die Aktivitäten der verdeckten Schicht in einer hierarchischen Clusteranalyse untersucht, d. h. die Aktivitätsmuster der verdeckten Schicht für die Sätze wurden nach Ähnlichkeitsmustern sortiert (Elman 1990). Dabei wurde festgestellt, daß diese Aktivitäten die grammatikalischen Situationen widerspiegeln. Die Grammatik ist in den gelernten Gewichten kodiert, dennoch wird die Analyse nicht direkt anhand der Gewichte durchgeführt, sondern anhand der Aktivitäten. Die beiden anderen Interpretationansätze für RNN basieren ebenso auf einer Analyse der Aktivitäten (With und Larsen 1997; Stagge und Sendhoff 1999).

Die wesentlichen Bestandteile rückgekoppelter Netze zur Prädiktion lassen sich an der besprochenen Netzstruktur aufzeigen:

- Es gibt einen schichtorientierten vorwärtsgekoppelten Netzanteil.
- Es werden Schichten ausgesucht, deren Knotenausgaben gespeichert werden.
- Die gespeicherten Aktivitäten sind im nächsten Zeitschritt Eingänge für Schichten des vorwärstkoppelnden Teils. Dabei gehen diese Rückkopplungsverbindungen zu der Schicht, von der die Aktivitäten kommen, oder zu Schichten, die näher am Netzeingang liegen.

In (Tsoi und Back 1997) werden diese Topologieaspekte systematisiert, dabei werden drei Typen rückkoppelnder Verbindungen unterschieden: Bei lokalen Rückkopplungen dient der Ausgang eines Knotens nur diesem Knoten als Eingang im nächsten Zeitschritt, in der zweiten Kategorie werden die Ausgaben einer Schicht auf dieselbe Schicht gekoppelt, ein Beispiel dafür ist das Elman Netz, und der allgemeine Typ der Rückkopplung besteht in einer Verbindung auf eine beliebige Schicht, allerdings in Richtung Netzeingabe.

In der Klasse, der sich durch die skizzierte Beschreibung ergebenden Netze, gibt es meines Erachtens zwei in ihrem Ansatz unterschiedliche Netztypen. Das Elman Netz repräsentiert den einen Typ, das Jordan Netz (Jordan 1986) den anderen: Es ist ebenfalls schichtorientiert aufgebaut, allerdings sind nicht die Aktivitäten der verdeckten Schicht die rückkoppelnden Eingänge, sondern die der Ausgangsschicht, vgl. Abb. 2.5; Es wird durch folgende Gleichung für

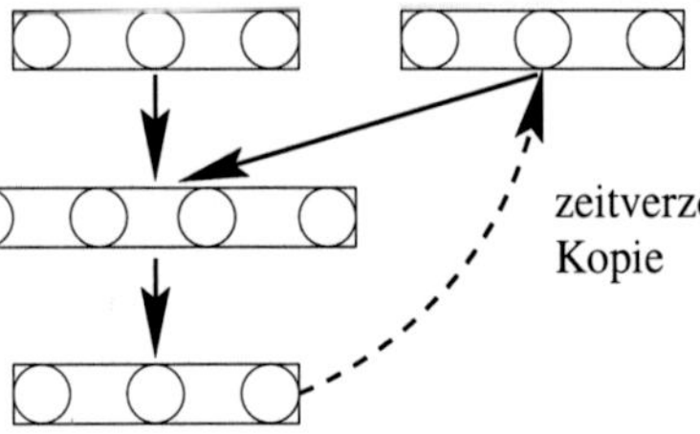

Abbildung 2.5: Jordan Netz: Die Pfeile bedeuten vollverbundene Schichten. Die Netzausgabe wird kopiert und stellt im nächsten Zeitschritt einen zusätzlichen Eingang für die verdeckte Schicht dar.

die verdeckte und die Ausgangsschicht beschrieben:

$$\begin{aligned} y_i(t) &= \sigma\left(\sum_j w_{ij}x_j(t) + \sum_j r_{ij}o_j(t-1) + \vartheta_i\right) \quad \text{, und} \qquad (2.13) \\ o_i(t) &= \sigma\left(\sum_j v_{ij}y_j(t+1) + \vartheta_i\right) \quad ; \end{aligned}$$

die Bezeichnungen wie für Gl. 2.11.

Der Unterschied der beiden Strukturen ergibt sich durch folgende Überlegung: Die Aktivitäten der rückkoppelnden Neurone sind zusätzliche Eingaben ins Netz. Im Fall des Jordan Netzes ist festgelegt, welche Aktivitäten die rückkoppelnden Neurone haben sollen. Für den Netzausgang sind Zielgrößen festgelegt und wenn das neuronale Netz die gestellte Aufgabe erfüllt, dann ergeben sich am Netzausgang diese Zielgrößen. Beim Elman Netz dagegen sind die Aktivitäten der rückkoppelnden Knoten nicht durch die Aufgabe vorgegeben, sie entwickeln sich während des Lernvorgangs.

Bei den meisten Aufgaben weiß man im voraus nicht, welche Eingaben aus der Netzdynamik geeignet sind, um eine Aufgabe gut zu lösen. In diesem Fall stellen Elman Netze eine Strukturklasse dar, für die dieser Aspekt Teil der Parameteradaptation ist, siehe Abschnitt 3.3. Es gibt klassische Modelle aus der Statistik und der Systemtheorie, die gerade diese beiden Situationen widerspiegeln; Dieser Bezug wird in Abschnitt 2.3 klargemacht.

Das Jordan Netz und andere Strukturen, bei denen die Sollaktivitäten der rückkoppelnden Neurone bekannt sind (Lee und Song 1997; Mak, Ku, und Lu 1999) haben dafür den Vorteil, daß es Methoden gibt, die das Anpassen der Gewichte vereinfachen (Williams 1989) (*teacher forcing*).

Die beiden beschriebenen Netze sind sehr starr an die Schichtstruktur und an die Einschränkung, entweder von der Ausgabeschicht oder von der verborgenen Schicht um einen Zeitschritt zurückzukoppeln, gebunden. Das liegt sicherlich an zwei Dingen: Erstens ist aus der Theorie bekannt, daß die in dem rückgekoppelten neuronalen Netz integrierte Grundstrukur des einschichtigen vorwärtsgekoppelten Netzes alle Abbildungsaufgaben zu leisten vermag (Abschnitt 2.1). Zweitens besteht keine andere systematische Entwurfsmöglichkeit für Netzstrukturen. Rückkopplungen nur zwischen wenigen Neuronen, oder über mehrere Zeitschritte müssen problemangepaßt vorgenommen werden; Auch Einschränkungen für denkbare andere Standardstrukturen wären arbiträr. Daß die beschriebenen Strukturen, in denen alle Neurone der verdeckten Schicht die gleiche Verbindungsstrukturen haben, systematische Schwierigkeiten beim Lernen aufweisen können, vgl. Abschnitt 4.1, oder daß weit schichtübergreifende Verbindungen nützlich sein können, wurde nicht mit in die Betrachtungen einbezogen.

Um diesen Aspekten gerecht werden zu können, werden im folgenden die Strukturbeschränkungen reduziert (Stagge und Sendhoff 1997). Dabei wird die Aufteilung der Knoten in Schichten und die Kopplung nur innerhalb der Schichten aufgegeben. Für den vorwärtskoppelnden Teil des Netzes wird jede korrekte Verbindungsstruktur zugelassen. D. h. es gibt eine Nummerierung der Neurone, so daß $w_{ij} = 0$ für alle Neuronentupel (i, j) mit $i < j$. Darüberhinaus sind von der zeitverzögerten Kopie alle Rückkopplungen erlaubt, sowohl solche von der Ausgangsschicht, als auch von den verdeckten Neuronen auf alle anderen. Die Rückkopplungsverbindung r_{ij} kennzeichnet sich also jetzt nur dadurch, daß die Aktivität des Neurons i dem Neuron j in einem späteren Zeitpunkt als Eingang dient.

Damit entstehen zwei Formen der Rückkopplung, wobei die eine häufig nicht wirklich als Rückkopplung aufgefaßt wird, siehe Abb. 2.6 (links): Für eine Kopplung von Knoten i in Richtung Netzeingang hängt die Knotenausgabe $y_i(t)$ u. a. von $y_i(t-1)$ ab, z. B.: $y_i(t) = F(\mathbf{x}(t), y_i(t-1))$. Durch iteratives Einsetzen ergibt sich eine Abhängigkeit zur Zeit T gemäß $y_i(T) = H(\,\cdot\,; y_i(0))$, wobei der erste Teil der Abhängigkeit von der Eingabesequenz $(\mathbf{x}(t))_{t\in[0,T]}$ stammt. Im Allgemeinen wird also selbst für eine konstante äußere Anregung $\mathbf{x}(t) = \text{const.}\ \forall t \in [0, T]$ die Knotenausgabe $y_i(t)$, und davon

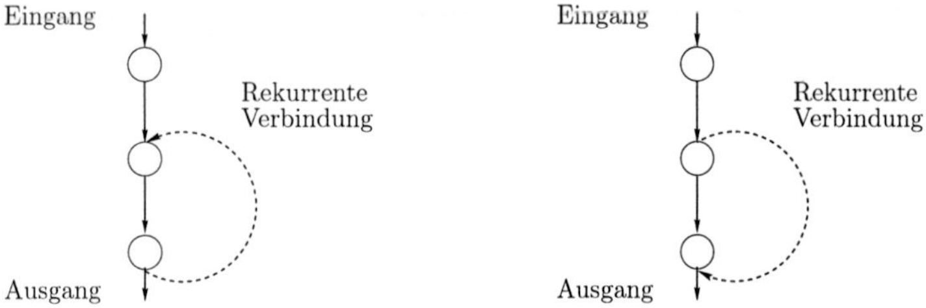

Abbildung 2.6: Die beiden möglichen Formen der Kopplung zeitverzögerter Knotenausgänge (gestrichelte Linien) in einem sonst vorwärtsgekoppelten Netz. Links eine Kopplung mit möglicherweise unendlich langer Impulsantwort (IIR), rechts eine Kopplung mit zeitlicher begrenzter Impulsantwort (FIR).

abhängend die Netzausgabe $\mathbf{o}(t)$, nicht konstant sein. Diese Kopplung wird auch als *infinite impulse response, iir* Kopplung bezeichnet.

Im anderen Fall, Abb. 2.6 (rechts), ist beim Anlegen einer konstanten Netzeingabe die Ausgabe des Knotens auf den gekoppelt wird bis auf den ersten Zeitschritt auch konstant und ebenso die Netzausgabe. Das wird *finite impulse response, fir,* Kopplung genannt. Man kann das auch als eine sehr einfache Dynamik des Neurons auffassen, auf das gekoppelt wird: Das Neuron hat eine Zeitverzögerung für eine Eingabe. Integriert man diese Eigenschaft in das Neuron, so erhält man ein ansonsten vorwärtsgekoppeltes neuronales Netz (de Vries und Principe 1992).

Im Rest der Arbeit sind beide Verbindungstypen mit Zeitverzögerung erlaubt[3]. Als zusätzliche Erweiterung werden Verbindungen mit verschiedenen Zeitverzögerungen zugelassen. Dies führt auf ein Netz, das folgender Dynamik gehorcht:

$$y_i(t) = \sigma\left(\sum_{j=1}^{i-1} w_{ij} y_j(t) + \sum_{l=1}^{L}\sum_{j=1}^{N} r_{ij}^l y_j(t-\tau_l) + \sum_{k=1}^{K} f_{ik} x_k(t) + \vartheta_i\right) \quad (2.14)$$

$y_i(t)$: Ausgabe von Neuron i zur Zeit t

[3]Graphtheoretisch sind vorwärtsgekoppelte und fir gekoppelte neuronale Netze azyklische, während rückgekoppelte neuronale Netze mit iir Kopplung zyklische Graphen sind.

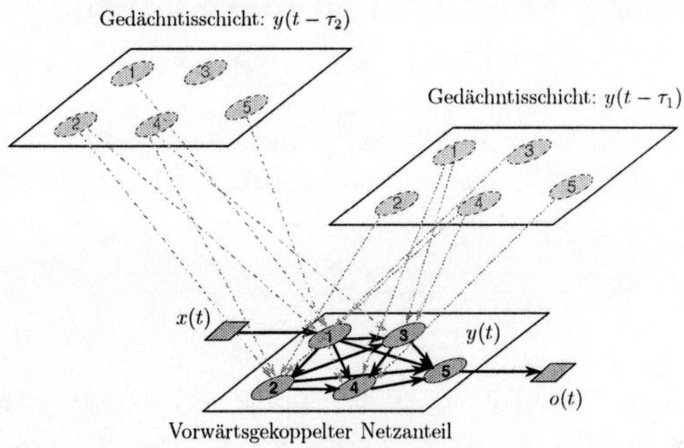

Abbildung 2.7: Beispiel einer erweiterten RNN Struktur ohne Schichtrestriktion und mit mehreren Gedächtnisschichten.

N, K	: Anzahl an Neuronen und Eingängen
L	: Anzahl an Gedächtnisschichten
τ_l	: Zeitverzögerung der Gedächtnisschichten
w_{ij}	: Vorwärtskopplungen, $w_{ii} = 0$
f_{ik}, r^l_{ij}	: Verbindungen vom Eingang und rückgekoppelte Verbindungen
ϑ_i	: Schwellengewicht
$x_k(t)$	: Netzeingabe zur Zeit t

In Abb. 2.7 ist ein Beispiel einer erweiterten Netzstruktur dargestellt. Im Vorwärtsanteil ist die Schichtstruktur aufgehoben und es gibt zwei Gedächtnisschichten mit unterschiedlichen Verzögerungszeiten.

2.3 Bezug zu etablierten Modellen

Wie bereits angesprochen, gibt es einen engen Zusammenhang zwischen rückgekoppelten neuronalen Netzen und Modellen aus der Statistik und der Systemtheorie. Da in diesen beiden Gebieten Methoden und Anwendungsgebiete gut erforscht sind, wird der Zusammenhang kurz dargestellt.

2.3.1 Bezug zu Modellen aus der Statistik

Die Prädiktion von Zeitreihen ist einer der Schwerpunkte der Statistik. Ein weitverbreitetes Modell für zu modellierende Signale ist das *auto regressive moving average* Modell (ARMA). Sei x_t die zu beschreibende zeitabhängige Variable und ϵ_t unkorreliertes, mittelwertfreies Rauschen, so besteht das ARMA Modell in folgendem Ansatz:

$$x_t = a_0 + \sum_{p=1}^{P} a_p x_{t-p} + \sum_{q=0}^{Q} b_q \epsilon_{t-q} \quad .$$

Für $Q = 0$ ergibt sich ein AR Modell, für $P = 0$ ein MA Modell. P und Q heißen die Ordnung des Modells. Die Ordnung eines Prozesses kann mit Standardverfahren aus Daten ermittelt werden (Priestley 1981). Eine Erweiterung des AR(P) Prozesses auf einen nichtlinearen Zusammenhang führt zum nichtlinearen AR, oder NAR(P) Prozeß (Tong 1990):

$$x_t = f(x_{t-1}, \cdots, x_{t-p}) + \epsilon_t \quad .$$

Modellfunktionen für $f(\cdot)$ können offenkundig von vorwärtsgekoppelten Netzen realisiert werden (oder allen anderen Verfahren, um Funktionen darzustellen). Für Ansätze aus der Statistik siehe Tong (1990) Kap. 3. Die Schätzung der Modellordnung aus beobachteten Daten ist schwieriger (Cheng und Tong 1992)[4].

Nichtlineare ARMA(P,Q) Modelle verallgemeinern dementsprechend zu NARMA(P,Q) Modellen (Conner, Atlas, und Martin 1992):

$$x_t = f(x_{t-1}, \cdots, x_{t-P}, \epsilon_{t-1}, \cdots, \epsilon_{t-Q}) + \epsilon_t \quad .$$

Ein optimaler Schätzer im Sinne des mittleren quadratischen Fehlers für x_t ergibt sich aus:

$$\hat{x}_t = f(x_{t-1}, \cdots, x_{t-P}, \epsilon_{t-1}, \cdots, \epsilon_{t-Q}) \quad , \tag{2.15}$$

und mit $\hat{\epsilon_t} = x_t - \hat{x}_t$ ist es möglich, den Schätzer aus Gl. 2.15 durch folgenden rekursiven Algorithmus zu ersetzen:

$$\hat{x}_t = f(x_{t-1}, \cdots, x_{t-p}, \hat{\epsilon}_{t-1}, \cdots, \hat{\epsilon}_{t-Q}) \quad . \tag{2.16}$$

[4] Bei der zitierten Herangehensweise werden beispielsweise perfekte Prädiktionsmodelle, Kerndichteschätzer, (stillschweigend) vorausgesetzt.

Gleichung 2.16 entspricht einem rückgekoppelten Netz; hierbei bildet der Vektor $(x_{t-1}, \cdots, x_{t-P})$ den externen Eingang. Aus den vorangegangenen Ausgabewerten $\hat{x}_{t-q}$ wird der Vektor $(\hat{\epsilon}_{t-1}, \cdots, \hat{\epsilon}_{t-Q})$ berechnet und zurückgekoppelt. Es wird also nur aus der Ausgangsschicht zurückgekoppelt, entsprechend einem Jordan Netz siehe Abschnitt 2.2.2, dafür mit verschiedenen Zeitverzögerungen. Die Ordnung Q des NARMA(P,Q) Prozesses bestimmt die maximale Zeitverzögerung der Werte $\hat{\epsilon}$, die zur Verfügung gestellt werden.

Der Übergang von einem NARMA(P,Q) Prozeß zu einem RNN ist damit zwar gezeigt, eine systematische Untersuchung der Modellklasse der RNN von der Seite der Statistik ist mir aber unbekannt. Eine erfolgreiche Anwendung einer allerdings erweiterten rückgekoppelten Netzstruktur auf Stromverbrauchsdaten ist in (Conner, Martin, und Atlas 1994) gezeigt. Im Rahmen einer Diplomarbeit wurde von Finke (1999) ein empirischer Vergleich zwischen statistischen Verfahren und RNN über eine Bewertung mit Maßen aus der Statistik durchgeführt.

2.3.2 Bezug zu Modellen aus der Systemtheorie

In der Systemtheorie (Unbehauen 1995) lassen sich RNN ebenfalls als Erweiterung etablierter linearer Verfahren auffassen. Ein grundlegendes Modell für Systeme ist das Zustandsraummodell, die Dynamik eines Systems ohne Rauschen wird dabei folgendermaßen beschrieben:

$$\mathbf{y}_{t+1} = F(\mathbf{y}_t, \mathbf{x}_t) \quad , \text{und} \quad \mathbf{o}_t = H(\mathbf{y}_t, \mathbf{x}_t) \quad , \tag{2.17}$$

wobei $\mathbf{x}_t$ der externe Eingang, $\mathbf{o}_t$ der Systemausgang, $\mathbf{y}_t$ der Zustand des Systems sind. Im linearen Fall sind die Funktionen $F(\cdot)$ und $H(\cdot)$ durch Matrixen darstellbar, und ein solches dynamisches System kann durch ein Kalman Filter optimal approximiert werden[5]. Im nichtlinearen Fall können die Funktionen $F(\cdot)$ und $H(\cdot)$ durch neuronale Netze dargestellt werden. Da die Gleichung $\mathbf{y}_t = F(\mathbf{y}_{t-1}, \mathbf{x}_t)$ die Zustandsgröße $\mathbf{y}_t$ iterativ bestimmt, ergibt sich ein RNN. Die Gesamtstruktur wurde in Anlehnung an die Zustandsraumgleichung 2.17 in Suykens (1995) durch zwei Teilnetze mit jeweils einer verborgenen Schicht eingeführt: $F(\cdot)$ wird durch ein rückgekoppeltes Netz repräsentiert, das seine zeitverzögerte Ausgabe und die externe Eingabe $\mathbf{x}(t)$ zur Eingabe bekommt. Das andere Netz, $H(\cdot)$, ist rein vorwärtsgekoppelt mit

[5] Das Kalman Filter erlaubt eine Identifikation auch im Fall von Weißem Prozeß- und Meßrauschen.

der externen Eingabe und der Ausgabe des rückgekoppelten Netzes als Eingabe. Nur für die Ausgabeknoten dieses zweiten Netzes ist eine Sollausgabe spezifiziert.

Wie diese Strukturen in Identifikations- und Kontrollarchitekturen eingesetzt werden können, ist grundlegend und sehr übersichtlich von Narendra (1990, 1994), Puskorius (1994) und Suykens (1995) dargestellt worden.

2.4 Theoretische Erkenntnisse über rückgekoppelte Netze

Theoretische Erkenntnisse über rückgekoppelte neuronale Netze sind meist Existenz und Eindeutigkeitsaussagen. Sie betreffen Fragestellungen der Approximationstheorie, der Systemtheorie und der theoretischen Informatik. Da diese Aussagen nicht konstruktiv sind, und hier weiter nicht verwendet werden, sei nur auf die wesentlichen Punkte und die entsprechende Literatur verwiesen.

Analog und aufbauend auf den Approximationseigenschaften von FFNN (Hornik, Stinchcombe, und White 1989) kann gezeigt werden, daß rückgekoppelte neuronale Netze dynamische Systeme der Form von Gleichung 2.17 mit stetig differenzierbaren Funktionen $F(\cdot)$ und $H(\cdot)$ für endliche Zeitintervalle auf beschränkten Gebieten beliebig gut approximieren können (Sontag 1993; Chen und Chen 1995). Genauere Einschränkungen für die Aktivierungsfunktionen werden dort ebenfalls abgeleitet. Diese Resultate beziehen sich auf Elman Netze mit linearen Ausgabeknoten. In Sontag (1993) wurde ebenfalls gezeigt, daß zwei RNN nur dann gleiches Ein/Ausgabeverhalten haben, wenn sie identisch sind[6]. Das heißt auch, daß ein RNN nicht auf ein kleineres, mit beispielsweise weniger Gewichten, reduziert werden kann. Neben dieser Eigenschaft wurden weitere aus der Systemtheorie bewiesen: RNN sind kontrollierbar, d. h. durch externen Eingang kann jeder interne Zustand erzeugt werden, und kontinuierliche Netze sind beobachtbar, d. h. durch Beobachtung der Ein- und Ausgaben eines RNN, kann auf den ursprünglichen internen Zustand geschlossen werden. Hinsichtlich ihrer Recheneigenschaften wurde bewiesen, daß RNN (Elman Netze) äquivalent zu Turing Maschinen sind

[6]Zwei Netze sind identisch, wenn sie die gleiche Verbindungsstruktur und die gleichen Gewichte haben, oder die Vorzeichen der Gewichte so vertauscht sind, daß die gleiche Funktion dargestellt wird.

(Siegelmann und Sontag 1991). Wird allerdings die Struktur eingeschränkt, so gelten auch nur eingeschränkte Resultate (Sperduti 1997). Eine weitere Eigenschaft rückgekoppelter Netze ist die Repräsentierbarkeit endlicher Automaten (Goudreau, Giles, Chakradhar, und Chen 1994). In Abschnitt 2.2.2 wurde angesprochen, daß das Erlernen von Sprachen und Grammatiken eine der ersten Anwendungen RNN war. Endliche Automaten stellen eine Formalisierung dieser Problemstellung dar, und ihre Abbildbarkeit auf RNN wurde bewiesen und ausführlich untersucht (Giles, Horne, und Lin 1995; Omlin und Giles 1996).

2.5 Trainieren rückgekoppelter Netze

Dieser Abschnitt gibt einen kurzen Überblick über das Trainieren von RNN. Zuerst soll die Problemstellung möglichst kurz formalisiert werden. Da alle Verfahren letztendlich auf eine Parameteradaptation reeller Parameter hinauslaufen, werden nach einem kurzen Abriß der Verfahren die in der Arbeit Verwendung findenden Methoden ausführlicher beschrieben. Meines Wissens gibt es derzeit keinen Überblicksartikel, der die verschiedenen Lernverfahren für RNN miteinander vergleicht. Daher wird eine Bewertung auch im Hinblick auf die später folgende Strukturoptimierungsaufgabe vorgenommen. Für reine Darstellungen von Lernverfahren siehe z. B. (Nerrand, Roussel Ragot, Urbani, Personnaz, und Dreyfus 1994; Pearlmutter 1995; Haykin 1998).

In Kapital 2.2.2 wurde eingeführt, wie RNN Eingabewerte auf Ausgabewerte abbilden, z. B. Gleichungen 2.11, 2.14. Die Eingaben seien hier wieder mit $\mathbf{x}(t)$ und die Netzausgaben mit $\mathbf{o}(t;\mathbf{w})$ bezeichnet. $\mathbf{w}$ sind die Gewichte im neuronalen Netz. Für das Training gibt es zu jedem Eingangsdatum $\mathbf{x}(t)$ die entsprechende Sollausgabe $\mathbf{d}(t)$. Die Menge aller Datenpaare $\{(\mathbf{x}(t), \mathbf{d}(t))\}$ bilden den Trainingsdatensatz. Die Netzausgaben sind typischerweise die Aktivitäten der Ausgabeknoten, und weichen von den Zielvorgaben ab:

$$\mathbf{e}(t;\mathbf{w}) = \mathbf{d}(t) - \mathbf{o}(t;\mathbf{w}) \quad .$$

Der Fehler des Netzes ist eine Funktion dieser Abweichungen, häufig wird der mittlere quadratische Fehler genommen[7] :

$$E(\mathbf{w}) = \frac{1}{T} \sum_{t=1}^{T} \|\mathbf{e}(t; \mathbf{w})\|^2 \quad .$$

Zusätzlich zum Approximationsfehler werden zuweilen noch weitere differenzierbare Terme zu der Fehlerfunktion addiert (Wu und Moody 1996); diese Regularisierungsterme ermöglichen die Inkorporation von Vorwissen. Zur Bedeutung der Regularisierungsterme siehe auch Abschnitt 4.1.

Aufgabe des Lernverfahrens ist es, den Fehler in Abhängigkeit der Gewichte zu minimieren. Da das wegen der Nichtlinearität nicht geschlossen möglich ist, werden iterative Verfahren eingesetzt, die im Fall neuronaler Netze fast immer davon Gebrauch machen, daß der Gradient der Fehlerfunktion effizient zu berechnen ist.

Eine Bewertung der Lernverfahren hängt von der Aufgabenstellung ab; Maßstäbe können die benötigte Rechenkomplexität, die Güte des Lernergebnisses, die Robustheit gegenüber der Einstellung der Lernparameter, gegenüber einer Variation des Datensatzes oder bezüglich der Anfangsinitialisierung der Gewichte sein, und auch inwieweit sich Vorwissen integrieren läßt. Für den in dieser Arbeit verfolgten Ansatz zu Strukturoptimierung neuronaler Netze sind die Aspekte Rechenzeit und Robustheit gegenüber der Anfangsinitialisierung der Gewichte besonders wichtig.

2.5.1 Berechnung der Gradienten

Die Berechnung der Gradienten wurde mit der Renaissance der neuronalen Netze in den 80ern in (Rumelhart, Hinton, und Williams 1986; Williams 1989) auch auf RNN übetragen. Dabei werden zwei verschiedene Ansätze verfolgt, *Back Propagation Through Time* (BPTT) (Rumelhart, Hinton, und Williams 1986) und *Real Time Recurrent Learning* (RTRL) (Williams 1989).

Die Klasse der RTRL Algorithmen zur Berechnung der Gradienten wurde in (Williams 1989) für allgemeine rückgekoppelte Netze, siehe Abschnitt 2.2.2, formuliert. Sie ermöglicht ein on-line Lernen, das heißt, nach der Präsentation eines Datums werden die Gradienten berechnet und die Gewichte

[7] Die Form der Fehlerfunktion impliziert eine Annahme über das Rauschen, mit dem die Daten behaftet sind. Der quadratische Fehler entspricht einem normalverteiltem Rauschen mit konstanter Varianz, für die Regression eine vertretbare Grundannahme. Für die Klassifikation mag es andere, angemessenere Fehlerfunktionen geben.

verändert. Im Gegensatz dazu ist die Grundform des BPTT Epochen basiert, es werden also zuerst alle Daten des Datensatzes präsentiert und danach die Gewichte adaptiert. Die on-line Eigenschaft führt allerdings auf eine höhere Rechenkomplexität für RTRL als für BPTT.

Folgende Überlegungen führen zu RTRL: Seien $v_k(t)$ die Aktivitäten und $y_k(t)$ die Ausgaben der Knoten, wobei die Eingaben in das RNN von der Notation her Ausgaben von sonst weiter nicht gebrauchten Knoten entsprechen, so läßt sich die Dynamik eines solchen RNN folgendermaßen schreiben:

$$v_k(t) = \sum_l w_{kl} y_l(t) + \vartheta_k \quad \text{und} \quad y_k(t+1) = \sigma(v_k(t+1)) \quad . \tag{2.18}$$

Wenn O die Indexmenge der Ausgabeknoten ist und $d_k(t)$ der Sollwert eines Ausgabeknotens ist, dann definiert sich der Fehler des Knotens zur Zeit t zu:

$$e_k(t) = d_k(t) - y_k(t) \quad , \forall k \in O.$$

Der aktuelle quadratische Fehler des Netzes ist: $E(t) = \sum_{k \in O} e_k^2(t)$ und der Gesamtfehler ist: $E(t_0, t_1) = \sum_{t=t_0}^{t_1} E(t)$. Der Gradient des Fehlers:

$$\frac{\partial E(t)}{\partial w_{ij}} = -2 \sum_{k \in O} e_k(t) \frac{\partial y_k(t)}{\partial w_{ij}}$$

berechnet sich somit aus der Gleichung der Netzdynamik (2.18)

$$\frac{\partial y_k(t+1)}{\partial w_{ij}} = \sigma'(y_k(t+1)) \left[\sum_l w_{kl} \frac{\partial y_l(t)}{\partial w_{ij}} + \delta_{ik}\, y_j(t) \right] \quad , \tag{2.19}$$

wobei δ_{ik} das Kronecker Delta bezeichnet und l über alle Neurone summiert, die Eingabe für Neuron k sind.

Zu Beginn des Algorithmus werden alle $\frac{\partial y_k(t=0)}{\partial w_{ij}} = 0$ gesetzt. Durch die Ableitung der Dynamik des Systems kommt man also zu einem sehr einfachen Algorithmus: Neben der Netzdynamik gibt es eine zusätzliche Fehlerdynamik, die zeitgleich mit der Netzdynamik berechnet werden kann.

Zur Identifikation nichtlinearer dynamischer Systeme mit RNN wurde die Methode auf den Bereich der Systemtheorie übertragen (Narendra und Parthasarathy 1990) Die Vorzüge des RTRL sind die einfache Handhabung und die on-line Fähigkeit. Nachteilig ist die hohe Rechenkomplexität von $\mathcal{O}(n^4)$, n ist die Anzahl der Knoten. Zwar hat sich erwiesen, daß schon RNN mit

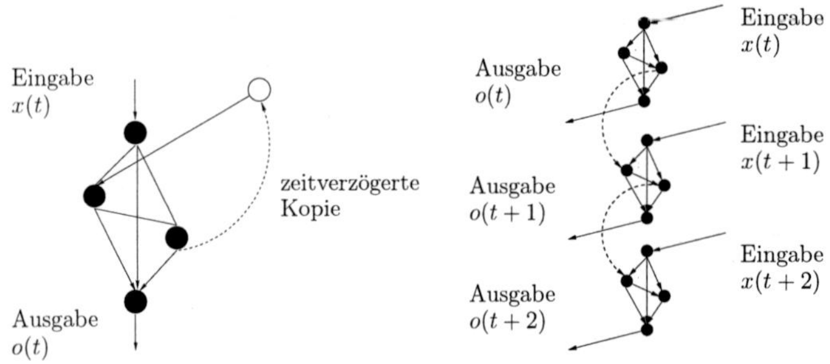

Abbildung 2.8: Entfaltung eines RNN als vergrößertes FFNN über $T = 3$ Zeitschritte. Links das rückgekoppelte Netz mit zwei verdeckten Knoten und einer Rückkopplungsverbindung (gestrichelt). Rechts die Entfaltung des Netzes, wobei die Rückkopplungsverbindung zu einer Vorwärtsverbindung in den nächsten Zeitschritt wird.

wenigen Knoten in der Lage sind, dynamische Systeme gut zu approximieren, dennoch verhindert der Rechenaufwand den häufigeren Einsatz dieser Methode. Modifikationen erlauben eine Reduktion des Rechenaufwands auf $\mathcal{O}(n^3)$ (Schmidhuber 1992).

In dieser Arbeit wird der *Back Propagation Through Time* Algorithmus benutzt. Die Grundidee hinter BPTT ist es, die rückkoppelnden Verbindungen als Eingänge von Knoten eines zusätzlichen Teilnetzes aufzufassen. Netz und Teilnetze zusammen bilden dann ein FFNN. So läßt sich die Verarbeitung einer Sequenz der Länge T mit einem rückgekoppelten Netz als Verarbeitung in einem T–fach entfalteten FFNN betrachten. Diese Betrachtungsweise ist in Abbildung 2.8 dargestellt.

In dieser Form ist das Verfahren Epochen basiert, d. h. erst am Ende der Sequenz können die Gradienten berechnet werden. Die Fehlerfunktionen, für die die Gradienten berechnet werden, ist

$$E(t, t+T) = \sum_{n=t}^{t+T} \sum_{j \in O} e_j^2(n) \quad , \tag{2.20}$$

wobei O die Indexmenge der Ausgabeknoten ist. Dazu müssen während der Sequenz die Ausgaben der Knoten sowie deren Ableitungen gespeichert werden, neben einem Rechenaufwand ergibt sich also ein zusätzlicher Speicheraufwand. Ein RNN mit n Knoten und $\mathcal{O}(n^2)$ Gewichten benötigt zur Berechnung der Gradienten für eine Sequenz der Länge T $\mathcal{O}(Tn^2)$ Rechenschritte und Speicher für $\mathcal{O}(Tn)$ reelle Zahlen, d. h. pro Zeitschritt eine Rechenkomplexität von $\mathcal{O}(n^2)$. Die Speicherkomplexität ist bei den sinnvoll anwendbaren RNN und der mittlerweile zur Verfügung stehenden Computertechnik unproblematisch. Der Rechenzeitkomplexität allerdings kommt große Bedeutung zu; das Trainieren neuronaler Netze muß für die Strukturoptimierung häufig geschehen, und verbraucht den größten Anteil der Rechenzeit.

Eine on-line fähige Variante des Algorithmus minimiert in jedem Zeitschritt den aktuellen Fehler,

$$E(t) = \sum_{j \in O} e_j^2(t) \quad .$$

Da die Netzaktivitäten zur Zeit t von allen vorhergehenden Berechnungen abhängen, muß hier korrekterweise auch eine vollständige Entfaltung durchgeführt werden, die Anzahl an Berechnungen und der zu speichernden Zwischenwerte nimmt linear mit der Sequenzlänge zu. In (Williams und Peng 1990) wird dieser Algorithmus mit *real time BPTT* bezeichnet. Diese lineare Zunahme der Komplexität mit der Zeit ist natürlich nicht umsetzbar, daher wird eine Zeitspanne einer relevanten Vergangenheit h extern vorgegeben. Nur die Abhängigkeiten innerhalb dieses Zeitfensters werden gewertet, und über diese Spanne muß die Geschichte der Netzzustände gespeichert werden. Diese Variante wird in (Williams und Peng 1990) *truncated BPTT* oder BPTT(h) genannt und hat pro Zeitschritt Rechenkomplexität von $\mathcal{O}(hn^2)$ und Speicherkomplexität $\mathcal{O}(hn)$. Zur Wahl von h, also der Entfaltungsstufen, gibt es keine definitiven Vorgaben.

Die häufig verwendeten Elman und Jordan Netze (Elman 1990; Jordan 1986), siehe Abschnitt 2.2.2, wurden ursprünglich für on-line Training mit $h = 1$ eingeführt, was keiner weiteren Entfaltung entspricht. Diesen Grenzfall minimaler Entfaltung kann man sich verdeutlichen: Die zurückgekoppelten Aktivitäten der Neurone werden als unabhängig von den Gewichten angenommen, d.h. $\frac{\partial y_i(t)}{\partial y_k(t-1)} = 0 \ \ \forall i, k$. Ob diese Näherung gerechtfertigt ist, hängt von den Gewichten im Netz und den Eingaben ab. Es kann über eine lineare Näherung ein Kriterium an die Gewichte formuliert werden, so daß die vernachlässigten Terme kleiner sind als der betrachtete führende Term (Kuan, Hornik, und White 1994). Diese Beschränkung ist allerdings meistens nicht einhaltbar. Die drastische Näherung $h = 1$ hat den Vorteil, daß das Training genauso gehandhabt werden kann, wie für ein FFNN, die internen Rückkopplungen entsprechen externen Eingaben. Das Verfahren ist also einfach implementierbar und ermöglicht auf triviale Weise on-line Training. Außerdem zeigen die Ergebnisse, daß die zeitliche Komponente der Eingabesequenzen auch in diesen Netzen während des Trainings im Rahmen der Aufgabe strukturbildend eingesetzt wird.

Da für lange Sequenzen der Speicheraufwand des epochenweisen BPTT möglicherweise nicht erwünscht ist, die Zunahme der Rechenkomplexität durch das *truncated BPTT* aber auch vermieden werden soll, wurde in (Williams und Peng 1990) eine Variante vorgestellt, die Anteile beider Konzepte enthält: Es handelt sich wiederum um eine Approximation des Gradienten, da eine Entfaltung über h Zeitschritte vorgenommen wird. Allerdings wird die Gradientenberechnung nicht an jedem Zeitschritt durchgeführt, sondern der Algorithmus läuft über $h' \leq h$ weitere Schritte, und über diese Spanne wird der Gradient des totalen Fehler, Gleichung 2.20, ausgewertet. Dadurch kann der Gradient erst mit einer Verspätung von h' Zeitschritten berechnet werden, es ist also gar kein echter on-line Betrieb möglich, aber die Rechenkomplexität pro Zeitschritt beträgt $\mathcal{O}(n^2 h/h')$, die Speicherkomplexität ist $\mathcal{O}(n(h+h'))$.

On-line Lernen ist immer dann nötig, wenn neue Daten während der Betriebszeit hinzukommen, und zügig in das neuronale Netz inkoorperiert werden sollen. Dabei kommt es in der Praxis auf eine Verzögerung von wenigen Zeitschritten nicht an. Daher bietet die oben aufgezeigte Variante eine gute Möglichkeit, die Rechenanforderungen gering zu halten und dennoch neue Daten mit aufzunehmen.

Die Berechnung der Gradienten, wie sie für die eingeführte allgemeine Netzstruktur, siehe Abschnitt 2.2.2, in dieser Arbeit gebraucht wird, soll im folgenden durchgeführt werden:

Im ersten Schritt gebe es nur eine Gedächtnisschicht mit den Aktivitätswerten aus dem letzten Zeitschritt. In der vorwärtskoppelnden Schicht seien die M Neurone so numeriert, daß keine Zyklen enstehen, d.h. $w_{ij} = 0$, $\forall i \leq j$. Dann ist die Dynamik des Netzes gegeben durch (siehe Gl. 2.18):

$$v_i(t) = \sum_j w_{ij}\sigma(v_j(t)) + \sum_j r_{ij}\sigma(v_j(t-1)) + \vartheta_i \quad . \tag{2.21}$$

Die Netzausgabe ist:

$$y_i(t) = \sigma(v_i(t)) \ , \ \forall i \in O \quad . \tag{2.22}$$

Eine Beispielssequenz p besteht aus Werten $(x(t), d(t))$, $t \in 0, \cdots, P$. Der Fehler in einer Sequenz ergibt sich aus den Fehlern der einzelnen Zeitschritte zu (der Faktor 1/2 ist nur behelfsmäßig):

$$E = \frac{1}{2} \sum_t \sum_{i \in O} (y_i(t) - d_i(t))^2 = \frac{1}{2} \sum_t \mathbf{e}(t)^2 \quad . \tag{2.23}$$

Gesucht ist nun die Ableitung:

$$\frac{\partial E}{\partial w_{is}} = \sum_t \frac{\partial E}{\partial v_i(t)} \frac{\partial v_i(t)}{\partial w_{is}} \quad . \tag{2.24}$$

Es wird zuerst die Frage nach $\frac{\partial E}{\partial v_i(t)}$ behandelt, wobei die Ableitung alle Abhängigkeiten der Vergangenheit mitnehmen soll:

$$\frac{\partial E}{\partial v_i(t)} = \sum_j \frac{\partial E}{\partial v_j(t)} \frac{\partial v_j(t)}{\partial v_i(t)} + \sum_j \frac{\partial E}{\partial v_j(t+1)} \frac{\partial v_j(t+1)}{\partial v_i(t)} \quad . \tag{2.25}$$

In der ersten Summe wird über alle Neurone j summiert, die in der vorwärtskoppelnden Schicht vom Neuron i eine Eingabe erhalten. In der zweiten Summe wird über jene Neurone j summiert, die eine verzögerte Eingabe von Neuron i erhalten. Es gilt nun nach der Netzdynamik:

$$v_j(t) = \sum_i w_{ji} \sigma(v_i(t)) + \sum_i r_{ji} \sigma(v_i(t-1))$$

$$\Rightarrow \quad \frac{\partial v_j(t)}{\partial v_i(t)} = \sigma'(v_i(t)) \, w_{ji} \quad .$$

Für den zweiten Teil der Gleichung 2.25 kann man die Netzdynamik ein wenig umschreiben und erhält:

$$v_j(t+1) = \sum_i w_{ji} \sigma(v_i(t+1)) + \sum_i r_{ji} \sigma(v_i(t))$$

$$\Rightarrow \quad \frac{\partial v_j(t+1)}{\partial v_i(t)} = \sigma'(v_i(t)) \, r_{ji} \quad .$$

Damit ergibt sich also:

$$\frac{\partial E}{\partial v_i(t)} = \sigma'(v_i(t)) \cdot \sum_j \frac{\partial E}{\partial v_j(t)} \, w_{ji} + \sigma'(v_i(t)) \cdot \sum_j \frac{\partial E}{\partial v_j(t+1)} \, r_{ji} \quad . \tag{2.26}$$

In der Herleitung wurde bisher der Fall, daß i ein Ausgabeneuron ist, noch nicht berücksichtigt. In Gleichung 2.25 ergibt sich dann ein Zusatzterm aus der direkten Abhängigkeit des Fehlers E von $v_i(t)$ zu:

$$\frac{1}{2}(\sigma(v_i(t)) - d_i(t))^2 \quad ,$$

und damit gilt:

$$\frac{\partial \, \frac{1}{2}(\sigma(v_i(t)) - d_i(y))^2}{\partial v_i(t)} = e_i(t) \cdot \sigma'(v_i(t)) \quad .$$

Wenn man mit $\delta_{i,O}$ die Funktion bezeichnet, die 1 ergibt, wenn Neuron i ein Ausgabeneuron ist und 0 sonst, so erhält man:

$$\frac{\partial E}{\partial v_i(t)} = \sigma'(v_i(t)) \cdot \left\{ \sum_j \frac{\partial E}{\partial v_j(t)} \, w_{ji} + \sum_j \frac{\partial E}{\partial v_j(t+1)} \, r_{ji} + \delta_{i,O} \cdot e_i(t) \right\} \quad . \tag{2.27}$$

Mit:

$$\delta_i(t) = \frac{\partial E}{\partial v_i(t)}$$

ergibt sich dann:

$$\delta_i(t) = \sigma'(v_i(t)) \cdot \left\{ \sum_j \delta_j(t) \, w_{ji} + \sum_j \delta_j(t+1) \, r_{ji} + \delta_{i,O} \cdot e_i(t) \right\} \quad . \tag{2.28}$$

Dabei ist $\delta_i(t) = 0 \; , \; \forall t > P$. Die anfangs gesuchte Ableitung ist somit:

$$\frac{\partial E}{\partial w_{is}} = \sum_t \frac{\partial E}{\partial v_i(t)} \frac{\partial v_i(t)}{\partial w_{is}} = \sum_t \delta_i(t) \; \sigma(v_s(t)) \quad . \tag{2.29}$$

Auf ähnliche Art ergibt sich die Ableitung nach einem Rückkopplungsgewicht:

$$
\begin{aligned}
\frac{\partial E}{\partial r_{is}} &= \sum_t \frac{\partial E}{\partial v_i(t)} \frac{\partial v_i(t)}{\partial r_{is}} \\
&= \sum_t \delta_i(t) \frac{\partial v_i(t)}{\partial r_{is}} \\
&= \sum_t \delta_i(t) \sum_j \frac{\partial}{\partial r_{is}} \left(r_{ij} \sigma \left(v_j(t-1) \right) \right) \quad . \qquad (2.30)
\end{aligned}
$$

Die gesuchte Ableitung ist also:

$$
\frac{\partial E}{\partial r_{is}} = \sum_t \frac{\partial E}{\partial v_i(t)} \frac{\partial v_i(t)}{\partial r_{is}} = \sum_t \delta_i(t)\ \sigma(v_s(t-1)) \quad . \qquad (2.31)
$$

Diese Berechnung kann man verallgemeinern auf eine Netzstruktur, in der nicht nur eine Kontextschicht aus dem letzten Zeitschritt vorhanden ist, sondern weitere Kontextschichten aus weiter zurückliegenden Zeiten.
Numeriere k die Kontextschichten aus den Zeiten τ_k. Die allgemeine Dynamik ist dann:

$$
v_i(t) = \sum_j w_{ij} \sigma(v_j(t)) + \sum_k \sum_j r_{ij}^k \sigma(v_j(t - \tau_k)) + \vartheta_k \quad . \qquad (2.32)
$$

Das führt auf:

$$
\delta_i(t) = \sigma'(v_i(t)) \cdot \left\{ \sum_j \delta_j(t)\ w_{ji} + \sum_k \sum_j \delta_j(t + \tau_k)\ r_{ji}^k + \delta_{i,O} \cdot e_i(t) \right\} \quad , \qquad (2.33)
$$

und auf:

$$
\frac{\partial E}{\partial r_{is}^k} = \sum_t \delta_i(t)\ \sigma(v_s(t - \tau_k)) \quad . \qquad (2.34)
$$

Dabei ist bei den beiden letzten Gleichungen darauf zu achten, daß in Gleichung 2.33 die Ausdrücke $\delta_j(t+\tau_k)$ Null sind, für $t+\tau_k > t_{max}$, wohingegen in Gleichung 2.34 die Ausdrücke $\sigma(v_s(t-\tau_k))$ immer einen Wert haben, nämlich den, der aus der – möglicherweise zufällig besetzten – Kontextschicht kommt.

Nach einem Vorwärtsdurchlauf durch die Sequenz der Länge P wird das Vorgehen im Algorithmus für ein Netz mit M Neurone durch folgende Schritte bestimmt:
Man starte mit der Berechnung von $\delta_M(t_P)$,
dann: $\delta_{M-1}(t_P)\cdots\delta_1(t_P)$
dann: $\delta_M(t_{P-1})\cdots\delta_1(t_{P-1})$
letztlich: $\delta_M(t_0)\cdots\delta_1(t_0)$

An den Gleichungen 2.29 und 2.31 sieht man übrigens gut, daß die Abhängigkeiten des Fehlers von dem Gewicht einer vorwärtskoppelnden Verbindung und einer rückkoppelnden Verbindung von der selben Art sind; es gibt daher keinen Grund, diese beiden Gewichte unterschiedlich im Algorithmus zu behandeln, sie haben im Netz dieselbe Bedeutung.

2.5.2 Gradienten basierte Lernverfahren

Verfahren erster Ordnung

Der berechnete Gradient der Fehlerfunktion wird genutzt, um die Gewichte im Netz zu verändern:

$$\mathbf{w}^{(\tau+1)} = \mathbf{w}^{(\tau)} - \eta^{(\tau)} \frac{\partial E}{\partial \mathbf{w}^{(\tau)}} \quad , \text{ wobei} \tag{2.35}$$

$\eta^{(\tau)}$ eine kleine positive Lernrate ist. Man bewegt sich also einen kleinen Schritt, $\triangle\mathbf{w}^{(\tau)} = \mathbf{w}^{(\tau)} - \mathbf{w}^{(\tau+1)}$, im Parameterraum entlang der Richtung der größten Änderung. Wenn die Lernrate η klein genug gewählt ist, dann erwartet man durch diesen Schritt eine Verringerung des Fehlers und nach häufigem Iterieren sollte idealerweise der Gradient gegen 0 konvergieren, womit ein lokales Optimum erreicht ist. Es läßt sich beweisen, daß dieses iterative Vorgehen tatsächlich zu einem lokalen Optimum konvergiert, wenn man die Lernrate epochenweise gemäß $\eta^{(\tau)} \propto 1/\tau$ verringert. Das Verfahren gehört dann zur Klasse der Robbins–Monro Algorithmen (Bishop 1995b). Ein solches Vorgehen ist allerdings zu Rechenzeit aufwendig, und die Lernrate wird oft fest vorgegeben. Ein zu kleines η führt dann auf eine sehr langsame Konvergenz, ein zu großes η kann zu einem instabilen Algorithmus führen, wo die Optima „übersehen“ werden. Um ein Fluktuieren der Suchrichtung im Parameterraum zu vermeiden, wird oft ein Momententerm eingefügt, so daß gilt:

$$\mathbf{w}^{(\tau+1)} = \mathbf{w}^{(\tau)} - \eta^{(\tau)} \frac{\partial E}{\partial \mathbf{w}^{(\tau)}} + \alpha \triangle\mathbf{w}^{(\tau-1)} \quad , \text{ wobei } \alpha \in [0;1[\ . \tag{2.36}$$

Konvergenzbeweise auf der Basis der Robbins–Monro Algorithmen wurden auch auf die Klasse der Elman und Jordan Netze übertragen, wenn sie mit dem RTRL Algorithmus trainiert werden (Kuan, Hornik, und White 1994). Die Annahmen, unter denen die Konvergenz auf ein lokales Optimum mit Wahrscheinlichkeit 1 für $t \rightarrow \infty$ gezeigt werden konnte, umfassen hauptsächlich Bedingungen an die Wahl der Lernraten und der Gewichte: Für die Lernraten muß gelten: $\sum_{\tau=0}^{\infty}(\eta^{(\tau)})^2 < \infty$ und $\sum_{\tau=0}^{\infty}\eta^{(\tau)} = \infty$, beispielsweise $\eta^{(\tau)} \propto \tau^{\mu}, 1/2 < \mu \leq 1$. Diese Bedingung führt auf einen Robbins–Monro Algorithmus. Die Forderung an die Gewichte ergibt sich aus folgender Gleichung für die Dynamik eines einschichtigen Elman Netzes mit linearen Ausgangsknoten o_i, siehe Gl. 2.11 und 2.12:

$$o_i(t) = \sum_j v_{ij}\, \sigma(\mathbf{x}^t(t)\mathbf{w}_j + \mathbf{y}^t(t-1)\mathbf{r}_j + \vartheta_j) \; + \; \vartheta_i \quad ,$$

j summiere die verdeckten Knoten. Die maximale Steigung der Sigmoiden σ sei c. Damit formuliert sich die Bedingung an die Gewichte als:

$$(\sum_j \mathbf{r}_j^t \mathbf{r}_j)^{1/2} \leq c^{-1}(1-\epsilon) \quad , \tag{2.37}$$

für ein festes $\epsilon > 0$.

Der Grund, dieses Ergebnis hier aufzuführen, liegt darin, daß sich in Gleichung 2.37 der Theorieansatz widerspiegelt, der für einen theoretischen Umgang mit RNN typisch ist: Damit der Einfluß der Vergangenheit auf die Dynamik des Systems bei jeder Iteration gedämpft wird, soll der Rückkopplungsanteil der Dynamik kontrahierend sein. Kontrahierende Abbildungen erlauben die Verwendung von *Fixpunktsätzen* bei der weiteren mathematischen Analyse. Eine iterative Abbildung ist kontrahierend, wenn der Betrag ihrer Ableitung < 1 ist. In unserem Fall wird der Betrag der Ableitung durch das Produkt aus der Norm der Rückkopplungsgewichte mit der maximalen Steigung nach oben beschränkt. D. h. hier wird eine *lineare Approximation* der Aktivierungsfunktion an ihrer steilsten Stelle durchgeführt. Dabei wird die charakteristische Eigenschaft der Neurone in einem NN, ihre Sättigung, außer Acht gelassen.

Dieser Theorieansatz über Linearisierung und Fixpunktsätze ist ein typischer Weg in der Mathematik, um sich nichtlinearen Problemen zu nähern (Heuser 1988), und wurde auch auf weitere theoretische Fragestellungen anderer Grundstrukturen RNN (Jin und Gupta 1996) übertragen. Dabei wird stets die wesentliche Eigenschaft der Neurone vernachlässigt, daß die Beschränktheit ihrer Aktivierungsfunktion ein möglicherweise unbeschränktes Eingangssignal in ein festes Intervall, z.B. $]-1;1[$ für $\sigma = \tanh$, abbildet. Die Eigenschaften RNN sind eben nicht durch die Divergenz gegen Unendlich, sondern höchstens durch Divergenzen auf Grund von Oszillationen charakterisiert.

Die Bedingung (2.37) ist außerdem problematisch, da die Summe der Quadrate der Gewichte für große Netze anwächst (mit jedem Gewicht kommt ein Summand hinzu), die geforderte obere Schranke aber unabhängig von der Netzgröße ist. Der Konvergenzbeweis wurde auch auf eine Struktur eines RNN zur Schrifterkennung ausgedehnt (Lee und Song 1997), bei der Optimierung der Gewichte wurde dann allerdings die Randbedingung (2.37) nicht integriert.

Die Voraussetzungen, die für eine theoretische Analyse der Verfahren gemacht werden (Goerick 1998; Rüger 1996), sind sehr selten gegeben. Sie erhellen zwar deren Mechanismen und geben Ansätze zu Verbesserungen, die Resultate sind aber meist nicht direkt umsetzbar. Diese Einschränkung gilt ebenso für die Analyse von Verfahren zweiter Ordnung. Erst die Resultate bei der Verwendung verschiedener Algorithmen erlaubt eine Bewertung.

Die Lernverfahren sind beispielsweise nicht mehr analysierbar, wenn zur Beschleunigung der Fehlerminimierung jedes Gewicht eine eigene Schrittweite erhält und die Schrittweiten während des Lernvorgangs angepaßt werden. Solche Modifikationen sind mittlerweile Standard, sie führen sowohl zu einer Verringerung des gefundenen Fehlers als auch zu einem Lernverfahren, das weniger Funktionsauswertungen benötigt. In dieser Arbeit wird eine Methode dieser Art benutzt, die mit dem Grundprinzip operiert, daß für Gewichte, deren Ableitungen über mehrere Epochen dasselbe Vorzeichen haben, die Lernrate erhöht wird und umgekehrt bei wechselndem Vorzeichen des Gradienten die Lernrate verringert wird.

Das Verfahren wurde von Riedmiller und Braun (1993) unter dem Begriff *Resilient Backpropagation* kurz Rprop eingeführt. Es gibt verschiedene Modifikationen des Algorithmus, hier wird er nach (Braun 1997) verwendet. Das Verfahren hat zwei prinzipielle Merkmale. Erstens erhält jedes Gewicht w_{ij} eine eigene, adaptive Lernrate $\triangle_{ij}$ und zweitens werden die Gewichte nicht mehr proportional zum Gradienten verändert, wie beim ursprünglichen

Gradientenabstieg (Gleichung 2.35), sondern entsprechend:

$$\triangle w_{ij}(t) = -\triangle_{ij}(t) \cdot \text{signum}\left(\frac{\partial E(t)}{\partial w_{ij}}\right) \quad . \tag{2.38}$$

Bei einer Gewichtsveränderung proportional zum Gradienten ist in Gebieten, wo die Fehlerfläche sehr steil ist, der Gradient groß, und es kommt zu einer großen Veränderung der Gewichte. Wenn die Fehlerlandschaft lokal sehr flach ist, so kommt es nur zu einer kleinen Veränderung. Diese Unschlüssigkeit wird durch Gleichung 2.38 behoben.

Die Schrittweiten $\triangle_{ij}$ werden in Abhängigkeit vom Vorzeichen der Gradienten folgendermaßen adaptiert:

$$\triangle_{ij}(t) = \eta^+ \cdot \triangle_{ij}(t-1) \quad \text{falls} \quad \frac{\partial E(t)}{\partial w_{ij}} \cdot \frac{\partial E(t-1)}{\partial w_{ij}} > 0 \tag{2.39}$$

$$\triangle_{ij}(t) = \eta^- \cdot \triangle_{ij}(t-1) \quad \text{falls} \quad \frac{\partial E(t)}{\partial w_{ij}} \cdot \frac{\partial E(t-1)}{\partial w_{ij}} < 0 \tag{2.40}$$

$$\triangle_{ij}(t) = \triangle_{ij}(t-1) \quad \text{sonst} \quad .$$

Für den Betrag der Gewichtsveränderung gibt es eine obere Grenze: $\triangle_{\max}$. Bei diesem Verfahren erster Ordnung wird die Veränderung im Parameterraum nicht mehr entlang des Gradienten vorgenommen, vgl. 2.38. Experimentell zeigt sich, daß der Cosinus des Winkels zwischen Gradient und Gewichtsveränderung oft < 0.1 ist, der Gradient dient vielmehr der Selbstadaptation der Gewichtsveränderung im Parameterraum.

Verfahren zweiter Ordnung

Verfahren zweiter Ordnung integrieren Information über die zweite Ableitung der Kostenfunktion und gehören ebenso wie der Gradientenabstieg zu den klassischen Optimierungsmethoden (Rprop wurde erst im Zusammenhang mit dem Training neuronaler Netze entwickelt) (Luenberger 1973).

Die Quasi Newton Methode (Bishop 1995b) beruht auf dem Grundgedanken, daß um ein lokales Minimum, $\mathbf{w}^*$, der Kostenfunktion $E(\mathbf{w})$ gilt:

$$E(\mathbf{w}) = E(\mathbf{w}^* + \triangle) \approx E(\mathbf{w}^*) + \frac{1}{2}(\mathbf{w} - \mathbf{w}^*)^t H(\mathbf{w} - \mathbf{w}^*) \quad .$$

Damit berechnet sich der Gradient in der Umgebung des Minimums zu:

$$\nabla E(\mathbf{w}) = H(\mathbf{w} - \mathbf{w}^*) \quad \text{und es gilt} \quad (\mathbf{w} - \mathbf{w}^*) = H^{-1}\nabla E(\mathbf{w}) \quad .$$

H ist die Hesse Matrix an der Stelle $\mathbf{w}^*$. Das heißt, über den Newton–Schritt $-H^{-1}\nabla E(\mathbf{w})$ kann genau die Gewichtsveränderung zum Optimum durchgeführt werden. Die Anwendung beruht auf der Gültigkeit der Approximation zweiter Ordnung und verlangt die Berechnung und Invertierung der Hesse Matrix. Auch dieser Ansatz ist iterativer Natur, denn $H(\mathbf{w}^*)$ ist unbekannt und wird durch $H(\mathbf{w}^* + \triangle)$ genähert. Neben der hohen Rechenkomplexität[8] gibt es zwei weitere Probleme: Wenn die Hesse Matrix nicht positiv definit ist, kann der Newton–Schritt in Richtung eines Sattelpunkts oder eines Maximums gehen, außerdem kann die berechnete Schrittweite in einen Bereich außerhalb der Gültigkeit der Approximation führen. Um dennoch einen effizienten Algorithmus zu erhalten, wird die inverse Hessematrix sukzessive aus den Berechnungen der Gradienten $\nabla E^{(\tau)}$ geschätzt (BFGS Methode). Wenn die Hessematrix positiv definit initialisiert wird, dann garantieren die etablierten Verfahren daß die Schätzung der inversen Hessematrix positiv definit bleibt, und man erhält bei jeder Iteration die Suchrichtung $\mathbf{s}^{(\tau)} = -H^{-1}\nabla E^{(\tau)}$. Die Schrittweite entlang der Suchrichtung wird durch eine Liniensuche ermittelt, $\mathbf{w}^{(\tau+1)} = \mathbf{w}^{(\tau)} + \lambda\mathbf{s}^{(\tau)}$ mit

$$\frac{\partial}{\partial\lambda}E(\mathbf{w}^{(\tau)} + \lambda\mathbf{s}^{(\tau)}) = 0 \quad \text{und} \quad E(\mathbf{w}^{(\tau+1)}) \leq E(\mathbf{w}^{(\tau)}) \quad .$$

Die Herleitung der Verfahren ist beispielsweise in (Luenberger 1973) beschrieben, die Algorithmen zur Liniensuche und Schätzung der Hessematrix in (Press, Teukolsky, Vetterling, und Flannery 1995).

2.5.3 Stochastisch basierte Lernverfahren

Neben den bisher behandelten Lernverfahren, gibt es einige, die nicht auf einer Berechnung des Gradienten des Netzes beruhen, sondern ausschließlich die Berechnung der Fehlerfunktion ausnutzen. Diese Methoden haben den Vorteil, daß über den Approximationsfehler hinaus Terme zur Fehlerfunktion hinzugefügt werden können, die nicht nach den Gewichten abgeleitet werden können. Zu diesen Methoden zählen die in dieser Arbeit verwendeten

[8] Berechnung der Hessematrix $\mathcal{O}(NW^2)$, Invertierung $\mathcal{O}(W^3)$, N Anzahl der Daten, W Anzahl der Gewichte. Zur Berechnung der Hessematrix für RNN siehe (Pedersen 1997).

Evolutions Strategien (Rechenberg 1994), der ALOPEX Algorithmus (Unnikrishnan und Venugopal 1994), der auf *simulated Annealing* beruht sowie ein Trainingsverfahren, das auf der in der Statistik sehr bekannten *expectation maximization* Methode (Ripley 1996) beruht.

2.5.4 Vergleich verwendeter Lernverfahren

Das Trainieren ist wesentliche Grundlage für die Strukturoptimierung neuronaler Netze, da die Bewertung einer Struktur von ihrem Fehler nach dem Lernen abhängt. Daher werden in diesem Abschnitt von den oben besprochenen Lernverfahren Gradientenabstieg mit Momentumterm, und Rprop als Methoden erster Ordnung, sowie ein Quasi Newton Verfahren mit BFGS als Methode zweiter Ordnung und Trainieren mit Evolutionsstrategien als direktes Verfahren verglichen. Die Kriterien des Vergleichs spiegeln die Fragestellungen der Strukturoptimierung wider. Bei den gradientenbasierten Methoden wurde auf Grund der Rechenkomplexität BPTT verwendet. Dies gilt auch für die weiteren Experimente der Arbeit.

Die exemplarisch behandelte Aufgabe ist eine Prädiktion der x Koordinate der Lorenz (Lorenz 1963) Zeitreihe, siehe Anhang A. Trainingsdatensatz und Testdatensatz für alle Simulationen sind Sequenzen mit 1000 Datenpunkten. Trainings- und Testdatensatz beschreiben die Signalquelle gut, so daß keine Überanpassung der Netze stattfindet, siehe Abschnitt 4.1.

Die Variation der Aufgabe wird durch die Vorgabe zweier Prädiktionshorizonte, 5 Schritt- und 1 Schrittprädiktion (T=5,1), und der Verwendung dreier verschiedener Netze erreicht. Die Netze haben jeweils einen Eingabeknoten, einen Ausgabeknoten und eine Gedächtnisschicht mit den Ausgaben der Knoten aus dem letzten Zeitschritt. Zwei Netze habe eine Standardtopologie nach Elman, siehe Abschnitt 2.2.2, mit vier, bzw. sechs Neuronen in der verborgenen Schicht (im Text: *H4* und *H6*), das ergibt 31, bzw. 57 Gewichte. Zu möglichen strukturbedingten Trainingsproblemen für Elman Netze siehe Kap. 4.1. Das Netz *Mat* ist zufällig verknüpft und reflektiert damit eine Situation bei der evolutionären Strukturoptimierung RNN. Es hat vier verdeckte Knoten in drei Schichten, neun vorwärts und neun rückkoppelnde Verbindungen mit insgesamt 25 Gewichten.

Folgende Kriterien werden für die evolutionäre Strukturoptimierung als relevant zur vergleichenden Bewertung der Lernalgorithmen betrachtet:

- Robustheit gegenüber der Parametereinstellung des Algorithmus; für verschiedene Probleme und unterschiedliche Netze soll eine einzige Einstellung des Algorithmus ausreichend sein. Im Hinblick auf die Strukturoptimierung neuronaler Netze erlaubt das, unterschiedliche Strukturen anhand ihrer Fehlerwerte beim Lernen mit einem fest eingestellten Algorithmus zu vergleichen.

- Robustheit gegenüber der Initialbelegung der Gewichte; die Streuung der Fehlerwerte bei Trainingsende soll gering sein, damit eine zuverlässige Bewertung des Netzes möglich ist.

- Lerngeschwindigkeit; da der Lernvorgang zur Bewertung eines Netzes den Großteil der Rechenzeit der Strukturoptimierung braucht, ist ein Lernen in möglichst wenig Epochen wesentlich.

- Robustheit gegenüber der Initialbelegung und Lerngeschwindigkeit müssen gemeinsam betrachtet werden: Für die evolutionäre Strukturoptimierung ist die Zuordnung eines aussagekräftigen, d. h. sicheren Fitnesswertes nötig. Um den stochastischen Effekt durch die zufällige Initialbelegung zu kompensieren sind später mehrfache Lernauswertungen nötig. Ausschlaggebend für die Eignung eines Lernvorgangs ist die Rechenzeit, die zur Beurteilung der Netzgüte gebraucht wird. Eine ausführliche Diskussion der Bewertung einer neuronalen Netzstruktur erfolgt in Kap. 4.5.2.

- Stabilität; es kann vorkommen, daß der Lernvorgang numerisch instabil wird und zu sehr schlechten Lösungen konvergiert. Solche Lernverläufe sind auch bei der Bewertung einer Netzstruktur gesondert zu berücksichtigen.

- Lernleistung; der nach wenigen Epochen oder final erreichte Fehler ist nur ein Bestandteil der Bewertung des Algorithmus.

Die beiden Verfahren erster Ordnung werden jeweils mit drei verschiedenen Parametereinstellungen getestet. Für jede Situation werden 25 Lernverläufe mit unterschiedlichen Initialbelegungen der Gewichte ausgewertet.

Festlegung von Bewertungsmaßen

1. Stabilität:
Der Anteil der Läufe, bei denen von der rückkoppelnden Struktur effizient

Gebrauch gemacht wurde, dient zur Bewertung der Stabilität. Ein FFNN erreicht mit einem einzigen Eingabeknoten für $T = 5$ einen mittleren quadratischen Fehler von 0.028 und für $T = 1$ von 0.006. Lernverläufe, die final diesen Wert nicht unterschreiten, werden als instabil gewertet. Der Anteil stabiler Läufe für die verschiedenen Situationen ist in Tabelle 2.1 angeführt.
2. Robustheit:
Als Maß für die Robustheit dient die Streuung der finalen Fehlerwerte der stabilen Lernverläufe. Die Streuung wird über den Interquartilbereich dieser Werte (Krickeberg und Ziezold 1995) angegeben, und ist in Tabelle 2.3 zusammengefaßt. Der Interquartilbereich ist die Breite des Intervalls, in das 50% der Daten einer Stichprobe fallen. Dabei werden die 50% betrachtet, die um den Median zentriert sind. Der Interquartilbereich ist ein Maß für die Streuung ähnlich der Standardabweichung bei normalverteilten Stichproben.
3. Lerngeschwindigkeit:
Zur Beurteilung der Lerngeschwindigkeit wurde die durchschnittliche Zahl an Epochen gezählt, in der die meisten, 80%, der stabilen Läufe ihren finalen Fehlerwert nahezu, d. h. auf 15%, erreicht hatten. Je nach Anforderung mag die Lerngeschwindigkeit anders definiert sein, z. B. anhand der Fehlerabnahme zu Beginn des Lernens.
4. Lernleistung:
Die Lerngüte wurde über den Median der stabilen Netze bestimmt. Über die Rolle des Medians zur Bewertung von Netzstrukturen siehe Abschnitt 4.5.2.

Resultate

Verfahren erster Ordnung Für die Lernverfahren wurden drei verschiedene Parametereinstellungen getestet, ein verhaltenes Lernen, ein normales Lernen und ein schnelles Lernen.
Für normalen Gradientenabstieg, Gleichung 2.36, bedeutet das:
BP1 mit $\eta = 0.5$, $\alpha = 0.3$,
BP2 mit $\eta = 0.8$, $\alpha = 0.7$ und
BP3 mit $\eta = 0.5$, $\alpha = 0.5$.
Für Lernen mit Rprop, Gleichung 2.38:
Rprop1 mit $\eta^+ = 1.1$, $\eta^- = 0.75$, $\triangle_{\max} = 0.05$,
Rprop2 mit $\eta^+ = 1.2$, $\eta^- = 0.2$, $\triangle_{\max} = 0.1$, und
Rprop3 mit $\eta^+ = 1.1$, $\eta^- = 0.4$, $\triangle_{\max} = 0.05$.

Die Angaben zur Lerngeschwindigkeit in Tabelle 2.2 zeigen auf, daß keine

Lernverfahren	$T=5$			$T=1$		
	Mat	*H4*	*H6*	*Mat*	*H4*	*H6*
BP1	76%	96%	100%	100%	100%	100%
BP2	40%	84%	100%	96%	100%	100%
BP3	68%	96%	100%	100%	100%	100%
Rprop1	84%	76%	76%	96%	100%	100%
Rprop2	96%	96%	96%	100%	96%	100%
Rprop3	100%	100%	100%	96%	100%	100%

Tabelle 2.1: Verhalten der Algorithmen bezüglich Stabilität.

Lernverfahren	$T=5$			$T=1$		
	Mat	*H4*	*H6*	*Mat*	*H4*	*H6*
BP1	2350	1800	1800	2050	2250	2300
BP2	800	500	2200	2100	2100	2100
BP3	2300	1500	1650	2000	2300	2350
Rprop1	450	1450	1650	1950	350	900
Rprop2	1650	1100	1000	1700	1500	1000
Rprop3	1200	900	1100	1100	750	1000

Tabelle 2.2: Verhalten der Algorithmen bezüglich Lerngeschwindigkeit. Anzahl der Epochen, nach denen mindestens 80% der stabilen Läufe ihren finalen Fehler auf 15% erreicht haben.

Lernverfahren	$T=5$			$T=1$		
	Mat	*H4*	*H6*	*Mat*	*H4*	*H6*
BP1	$1.3e^{-2}$	$1.0e^{-2}$	$9.5e^{-3}$	$1.4e^{-4}$	$2.2e^{-4}$	$7.6e^{-5}$
BP2	$8.3e^{-4}$	$4.0e^{-3}$	$9.3e^{-4}$	$7.2e^{-5}$	$8.6e^{-5}$	$7.7e^{-5}$
BP3	$5.9e^{-3}$	$4.8e^{-2}$	$4.3e^{-2}$	$5.3e^{-5}$	$8.4e^{-5}$	$4.0e^{-5}$
Rprop1	$1.2e^{-3}$	$5.7e^{-4}$	$9.8e^{-4}$	$6.2e^{-5}$	$8.3e^{-5}$	$2.3e^{-5}$
Rprop2	$6.8e^{-4}$	$7.0e^{-4}$	$8.8e^{-4}$	$3.7e^{-5}$	$3.1e^{-5}$	$1.6e^{-5}$
Rprop3	$8.5e^{-4}$	$6.7e^{-4}$	$6.2e^{-4}$	$3.4e^{-5}$	$3.9e^{-5}$	$4.7e^{-5}$

Tabelle 2.3: Verhalten der Algorithmen bezüglich Robustheit gegen Initialisierung der Gewichte; Interquartilbereich der stabilen Läufe.

der Einstellungen des simplen Gradientenabstiegs in Hinsicht auf die Lerngeschwindikeit ein ausreichend schnelles Lernen ermöglicht. Der Nachteil der langen Lernzeit wird auch nicht durch gute Robustheit gegenüber der Anfangsbelegung der Gewichte wettgemacht. Gradientenabstieg wird daher in dieser Arbeit nicht für die evolutionäre Optimierung rückgekoppelter neuronaler Netze verwendet.

Der Rprop Algorithmus zeigt bessere Resultate bezüglich Lerngeschwindigkeit, Stabilität und Konvergenz. Betrachtet man, inwiefern eine Einstellung des Algorithmen für alle sechs Problemstellungen (3 Netztopologien, 2 Prädiktionshorizonte) geeignet ist, so erscheint Rprop3 die beste Alternative.

Ohne Details sei hier erwähnt, daß eine weitere Methode erster Ordnung mit Schrittweitenanpassung getestet wurde, das *delta-bar-delta* Verfahren (Haykin 1994). Die Schrittweitenanpassung ist dabei etwas anders als bei Rprop, der Hauptunterschied ist allerdings, daß die Gewichtsveränderung proportional zum Gradienten eingestellt wird. Auch dieses Verfahren lernt erheblich langsamer als Rprop und hat ähnlich wie der Gradientenabstieg für die 5 Schritt Prädiktionsaufgabe einen hohen Anteil instabiler Lernläufe.

Ein Beispiel für typische Lernkurven ist in Abb. 2.9 gezeigt (Rprop3 für die 5 Schritt Prädiktionsaufgabe mit dem Netz $H6$). Zu Beginn nimmt der Prädiktionsfehler sehr rasch ab, danach stagnieren viele Läufe. Für diese Läufe verändert sich nach Epoche 700 nur noch wenig. Bei einem geringeren Anteil der Lernkurven nimmt der Fehler bis zum Ende des Lernens bei Epoche 3000 kontinuierlich weiter ab (in der Abbildung sieht man, daß einige Kurven die anderen im waagrechten Bereich schneiden).

Evolutionsstrategien Evolutionäre Algorithmen, siehe Abschnitt 4.2, sind als globale, direkte Optimierungsmethoden bekannt. Die Eigenschaft einer globalen Optimierung, lokale Optima verlassen zu können, wäre für die Optimierung RNN sehr vorteilhaft, daher wurde dieses direkte Verfahren für einen Vergleich herangezogen.

Der Rechenaufwand für Evolutionsstrategien (ES), zum Vergleich für die Lerngeschwindigkeit, ergibt sich hauptsächlich aus der Berechnung der Fitness, hier des Fehlers für jedes Netz. In jeder Generation muß für alle Individuen, Netze, einer Population der Fehler berechnet werden. Die Berechnung des Fehlers erfordert einen Vorwärtsdurchgang durch den Datensatz, im Vergleich zu einem Vorwärts- und einem Rückwärtsdurchgang für die Berechnung des Gradienten bei BPTT. D. h. zwei Fitnessauswertungen in der

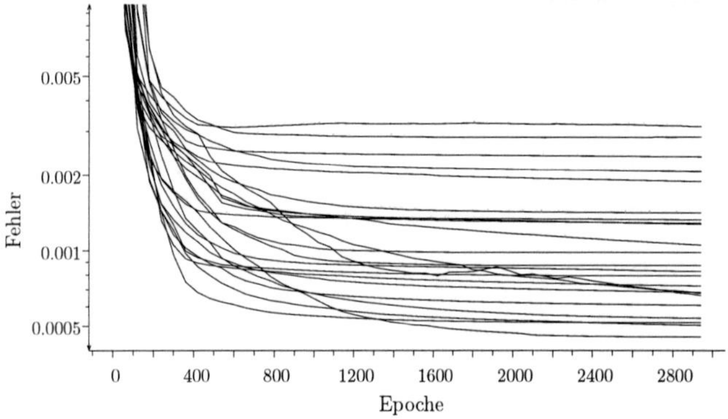

Abbildung 2.9: Lernkurven für die 5 Schrittprädiktion mit dem Netz $H6$ bei der Verwendung der Rprop Algorithmus (Rprop2).

Evolution entsprechen einer Gradientenberechnung (Epoche) für die gradientenbasierten Verfahren[9].

Die hier beschriebenen Ergebnisse wurden mit einer Evolutionsstrategie, mit 2 Eltern und 12 Nachkommen über 5000 Generationen durchgeführt. Ein Evolutionslauf entspricht der Rechenzeit von etwa zehn gradientenbasierten Lernverläufen. Zur Erläuterung der Evolutionsstrategie mit Schrittweitenadaptation siehe Abschnitt 4.2; Der Algorithmus wurde mit dem Standardparametersatz benutzt (Ostermeier, Gawelczyk, und Hansen 1995). Für die 5 Schrittprädiktionsaufgabe mit Netz $H4$ hat sich folgendes ergeben:

Nur 68% der 25 Läufe waren stabil, der Interquartilbereich betrug am Ende der Läufe $2 \cdot 10^{-3}$. Nach 3700 Generationen hatten 75% der stabilen Läufe ihren finalen Fehler auf 15% erreicht. Das Verfahren ist also langsam und hängt ebenfalls stark von der Anfangsbelegung der Gewichte ab, die Methode eignet sich daher nicht, um in vergleichsweise kurzer Zeit einem

[9]Die direkte Schätzung eines Gradienten kostet $\mathcal{O}(n)$ Funktionsauswertungen (n: Anzahl an Parametern), BP und BPTT benötigen einen Vorwärts- und einen Rückwärtslauf durch das Netz, ungefähr 2 Funktionsauswertungen entsprechend; BP ist also um einen Faktor $n/2$ effizienter als ein direktes Verfahren, das den Gradienten schätzt.

Kriterien	$T=5$			$T=1$		
	Mat	*H4*	*H6*	*Mat*	*H4*	*H6*
Stabilität	60%	60%	80%	96%	96%	100%
Geschwindigkeit	1100	2100	2350	450	700	650
Robustheit	$5.6e^{-4}$	$4.3e^{-4}$	$8.8e^{-4}$	$1.6e^{-4}$	$2.0e^{-4}$	$2.4e^{-4}$

Tabelle 2.4: Verhalten des BFGS Algorithmus bzgl. Stabilität, Geschwindigkeit und Robustheit.

neuronalen Netz zuverlässig einen Fitnesswert zuzuweisen, zumal das Verfahren sehr rechenaufwendig ist.

Verfahren zweiter Ordnung Die Methode zweiter Ordnung, die verglichen wurde, ist ein Quasi–Newton Verfahren (BFGS); Das Verfahren wurde ebenfalls mit einem Standardparametersatz benutzt. Die sechs Aufgabenstellungen wurden jeweils mit 25 Initialisierungen gestartet, die Ergebnisse sind in Tabelle 2.4 zusammengefaßt: Die Tabelle belegt, daß das Verfahren instabil war. Abhängig von der Zufallsbelegung der Gewichte, gab es zu viele Läufe, bei denen das Verfahren schnell bei einem sehr hohen Fehler stagnierte. Das mag daran liegen, daß die Liniensuche, die für das Verfahren gebraucht wird, eine sehr genaue Schätzung des Gradienten braucht. Über die Länge der Sequenz kann es beim BPTT Algorithmus allerdings zu einem Akkumulieren numerischer Fehler kommen, so daß die Güte des Gradienten nicht ausreicht.

Zusammenfassung

Die prinzipiellen Eigenschaften der verschiedenen Parameteroptimierungsverfahren lassen sich bei der untersuchten Lernaufgabe für RNN nur bedingt wiederfinden.

Es wird auch in der Literatur darauf aufmerksam gemacht, daß Evolutionäre Algorithmen zwar im Prinzip globale Optimierungsverfahren sind, aber de facto mit lokalen Extrema ebenso Probleme haben, wie lokale Optimierungsverfahren. Die Ergebnisse bezüglich der Robustheit gegenüber der Initialbelegung der Gewichte belegen das.

Die Methoden zweiter Ordnung sollen schneller und besser als Methoden erster Ordnung sein. Bei der einfacheren 1 Schrittprädiktionsaufgabe hat sich das auch bestätigt, siehe Tabelle 2.4. Für die schwierigere 5 Schrittprädiktionsaufgabe zeigen alle Verfahren mehr instabile Läufe und eine längere Lernzeit. Dabei schneidet Rprop insgesamt am besten ab, es wird daher in den folgenden Simulationen verwendet.

Allerdings zeigt Abbildung 2.9, daß über ein einmaliges Lernen eine Beurteilung der Netzgüte eines RNN nicht möglich ist.

Kapitel 3

Prädiktion und Modellierung

Die Prädiktion von Zeitreihen ist das Anwendungsgebiet der bisher besprochenen RNN. Im vorigen Kapitel wurde die Prädiktionsaufgabe nicht weiter spezifiziert. In diesem Kapitel sollen RNN systematisch in den Rahmen der Prädiktion und Modellierung von Zeitreihen eingebettet werden, und der Zusammenhang zur Einbettungstheorie der nichtlineare Dynamik hergestellt werden.

Dazu wird zuerst der allgemeine Ansatz zur Prädiktion einer Zeitreihe, ausgehend von linearen Modellen, veranschaulicht. Er läßt sich in Datenaufbereitung (Einbettung), Modellwahl und Anpassung der Modellparameter aufteilen. In der linearen Theorie gibt es Optimalitätsaussagen, die die drei Teilbereiche Einbettung, Modellwahl und Adaptation der Parameter in Hinsicht auf eine gegebene Prädiktionsaufgabe miteinander verbinden. Bei der Erweiterung auf die Prädiktion nichtlinearer Zeitreihen mit nichtlinearen Modellen sind die Einbettungstheoreme aus der Theorie nichtlinearer dynamischer Systeme eine wichtige Grundlage. Allerdings lassen sich die Optimalitätsaussagen aus der linearen Theorie, die die Aufgliederung in die Teilbereiche theoretisch fundieren, nicht auf diesen allgemeineren Fall übertragen. Dennoch werden üblicherweise Einbettung, Modellwahl und Modellanpassung auch für nichtlineare Modelle als voneinander entkoppelt behandelt. Dabei haben sich zumindest für die Einbettung aufgabenunabhängige Gütemaße fest etabliert.

In diesem Kapitel wird gezeigt, daß dieses Vorgehen im Allgemeinen nicht gerechtfertigt ist. Neben der formalen Begründung fundieren Simulationen zu in diesem Gebiet typischen Prädiktionsaufgaben diese Aussage (Stagge und Sendhoff 2000). In diesem Zusammenhang werden rückgekoppelte neuronale

Netze als eine alternative Methode untersucht. Ein qualitatives Maß wird dabei zur Analyse und Interpretation rückgekoppelter Netze neu eingeführt (Stagge und Sendhoff 1999), welches die Kritik bestätigt.

Die Modellierung der Signalquelle ist eine sehr viel umfassendere Aufgabe als die Prädiktion. Ziel der Modellierung ist es, ein Modell zu finden, daß ähnlichen Eigenschaften wie das zu Grunde liegende System hat. Für chaotische Zeitreihen bietet sich der Liapunovexponent als ein Maß bezüglich der Übereinstimmung zwischen Modell und Experiment an. Daß rückgekoppelte neuronale Netze in der Lage sind, dynamische Systeme zu modellieren, wird anhand zweier Beispielsysteme und deren Liapunovexponenten demonstriert (Stagge und Sendhoff 1997).

3.1 Lineare und Nichtlineare Modelle

Grundlage der Prädiktionsaufgabe ist eine Zeitreihe, eine Sequenz von Meßergebnissen $\mathbf{x}(t')$ in Abhängigkeit von der Zeit t'. Im Weiteren wird von einer skalaren Zeitreihe ausgegangen, die in konstanten zeitlichen Abständen $\delta t'$ gemessen wird. Im Hinblick auf die in diskreten Zeitschritten formulierten neuronalen Netze, und um die Notation zu vereinfachen, wird hier der Übergang zu einer „diskreten“ Zeit gemacht:

$$x(t') = x(t\,\delta t') \quad \rightarrow \quad x(t) \text{ oder } x_t, \; t \in \{0, \ldots, N\} \quad . \tag{3.1}$$

Ein lange vorherrschender, erfolgreicher Ansatz der Statistik besteht darin, ein lineares Modell für die Dynamik der Zeitreihe anzunehmen, z. B. ein ARMA Modell, siehe Kap. 2.3.1, oder ein Kalmanfilter (Unbehauen 1995). Für diese Standardansätze existieren Verfahren aus der Theorie, die es erlauben, die Ordnung der Modelle aus den Daten zu bestimmen. Dabei werden bestimmte Annahmen gemacht, z. B. wird von normalverteiltem Rauschen ausgegangen. Bei richtig bestimmter Ordnung kann man zeigen, daß die entsprechenden Prädiktionsverfahren optimal im Sinne des mittleren quadratischen Fehlers sind, d. h. es gibt Methoden, die garantiert die optimalen Parameter des Modells finden. Die Einschränkung auf lineare Modelle erlaubt eine geschlossene Theorie, innerhalb der Teilprobleme der Prädiktionsaufgabe getrennt werden können: Neben der Bestimmung der Parameter kann beispielsweise die Modellordnung aus den Daten eindeutig bestimmt werden. Dadurch wird das zu Grunde liegende System identifiziert und einer Modellklasse zugeordnet. Unabhängig von der konkreten Aufgabe, die im nachhinein behandelt wird, bleibt die identifizierte Modellklasse Grundlage des weiteren Vorgehens.

Für nichtlineare dynamische Systeme gibt es keine eindeutige systematische Einordnung in Modellklassen. Inwiefern eine Modellstruktur geeignet ist, ein System zu beschreiben, hängt von der Repräsentation des Wissens über das System und der Fragestellung ab. In der Physik ist, auch für lineare Systeme, die Beschreibung anhand von Differentialgleichungen etabliert, da die Grundgleichungen der Dynamik in dieser Weise formalisiert sind. Außerdem beinhalten die in der Dynamik verwendeten Gleichungen interpretierbare und oft meßbare Eigenschaften des Systems, wie z. B. die Massen bei der Beschreibung der Dynamik eines N-Körper Problems. Vorwissen läßt sich also gut einbringen. Dennoch kann es sein, daß die Beschreibung dynamischer Systeme über Differentialgleichungen und Trajektorien für manche Problemfelder nicht angemessen ist (Prigogine 1992).

Die Statistik nichtlinearer Zeitreihen (Tong 1990) geht in erster Linie von Daten aus, ohne daß Vorwissen zur Festlegung der Modellstruktur notwendig wäre. Daher wird das prinzipielle Vorgehen aus der linearen Prädiktion erweitert. Ausgehend von einem Markovprozess für die Zeitreihe, gibt es eine Ordnung des Prozesses, d. h. die Dynamik läßt sich durch eine Übergangswahrscheinlichkeit $p(x(t+T)|x(t), x(t-1), \ldots, x(t-d))$ beschreiben, T ist der Prädiktionshorizont. Die Ordnung des Prozesses ist $d-1$, eine Hinzunahme weiterer Vergangenheitswerte bringt keine weitere Information in Hinsicht auf die Wahrscheinlichkeitsverteilung $p(x(t+T))$. Die Ordnung gibt einen Anhaltspunkt für das Aufstellen eines Modells $\hat{x}(t+T) = f(x(t), x(t-1), \ldots, x(t-d); \theta)$, wobei θ Parameter des Modells sind. Für die Form der Funktion $f(\cdot; \theta)$ gibt es viele Möglichkeiten, siehe z. B. Tong (1990) und für das Einstellen der Parameter unterschiedliche Verfahren. Diese Verfahren erlauben aber keine praktisch relevanten Optimalitätsaussagen.

3.2 Zeitreihenrekonstruktion und Prädiktion

Es ist typisch, die Prädiktionsaufgabe von Zeitreihen in die zwei Schritte der Rekonstruktion und der Modellanpassung zu trennen, viele Methoden dazu sind in Lehrbüchern dargestellt (Abarbanel 1996; Kantz und Schreiber 1997). Eine Modellstruktur wird stillschweigend vorausgesetzt, zumindest aber wird die Wahl der Modellstruktur nicht im Zusammenhang mit den beiden anderen Schritten diskutiert. Um den Vergleich mit den RNN durchführen zu können, werden die Grundbegriffe und verwendeten Methoden kurz beschrieben.

Die Rekonstruktion beschäftigt sich mit der Fragestellung, wie man aus einer gemessenen Zeitreihe $x(t)$ eines deterministischen, physikalischen Systems $\mathbf{r}(t')$ dessen Dynamik rekonstruiert. Als Beispiel kann ein Pendel dienen: Der Systemzustand ist durch Ort $x(t)$ und Impuls $p(t)$ zu einer Zeit t eindeutig bestimmt. Wird nur der Ort des Pendels als Zeitreihe $x(t)$ gemessen, so kann der Systemzustand auch durch den Vektor $(x(t), x(t-\tau))$ bestimmt werden ($\tau \neq$ ein Vielfaches der Periode). Das Zusammenstellen eines solchen Vektors heißt Rekonstruktion, ist die Rekonstruktion ausreichend, so liegt eine Einbettung vor.

Um Invarianten der Systemdynamik aus der gemessenen Zeitreihe zu bestimmen (z. B. die Liapunovexponenten vgl. Abschnitt 3.5), muß zwischen dem aus der Zeitreihe $x(t)$ rekonstruierten System und der Dynamik des Originalsystems ein Diffeomorphismus existiert. Eine solche Rekonstruktion wird als Einbettung bezeichnet. In den Theoremen von Takens (1981) und Sauer (1991) werden die Bedingungen aufgezeigt, die erfüllt sein müssen, damit eine Rekonstruktion eine Einbettung ist. Takens (1981) hat gezeigt, daß für Systeme mit ganzzahliger Phasenraumdimension der Vergangenheitsvektor $\mathbf{s}(t)$

$$\mathbf{s}(t) = (x(t), x(t-\tau_1), \ldots, x(t-\tau_{d_E-1})) \tag{3.2}$$

alle notwendigen Informationen enthält, so daß ein Diffeomorphismus $\mathbf{R}$ zwischen $\mathbf{s}(t)$ und $\mathbf{r}(t)$ existiert, d. h.:

$$\mathbf{s}(t) = \mathbf{R}(\mathbf{r}(t)) \quad . \tag{3.3}$$

Die Größe d_E heißt Einbettungsdimension und die Werte $\tau_1, \ldots, \tau_{d_E-1}$ sind die Zeitverzögerungen. Sauer et al. (1991) haben Takens Einbettungstheorem auf Phasenräume mit fraktaler Dimension erweitert und damit die Grundlage für die Untersuchung chaotischer Attraktoren geschaffen. Sie haben gezeigt, daß für ein dynamisches System der Dimension d eine Rekonstruktion mit einer Einbettungsdimension

$$d_E > \lceil 2\,d \rceil \tag{3.4}$$

für alle Zeitverzögerungswerte $\{\tau_1, \ldots, \tau_{d_E-1}\}$ eine Einbettung darstellt (bis auf Kombinationen der Zeitverzögerungswerte vom Maß 0)[1]. Die Bedingung

[1]Eine Einbettung kann man auch über einen Vektor von Ableitungen oder andere Rekonstruktionen erhalten.

von Gleichung 3.4 ist hinreichend aber nicht notwendig; es kann durchaus Einbettungen mit kleinerer Einbettungsdimension geben. (Für eine anschauliche Beweisskizze des Einbettungstheorems siehe Casdagli et al. (1991).)

Es lag nahe, bei der Rekonstruktion für die Prädiktion, ebenso wie für die Bestimmung von dynamischen Invarianten, zu fordern, daß eine Einbettung vorliegt (Farmer und Sidorowich 1987; Sauer 1993). Das ist sicherlich richtig; denn existiert keine eindeutige Abbildung zwischen rekonstruiertem System und Originalsystem, so kann dessen Zustand nicht identifiziert werden und deterministische Prädiktion ist nicht möglich. Die Forderung nach einer Einbettung ist aber nur eine notwendige Bedingung für die Prädiktion. Über die Statistik und durch die Einbettungstheoreme hat sich „historisch“ eine Trennung von Rekonstruktion und Modellauswahl etabliert und für die Bestimmung der Einbettungsparameter - Einbettungsdimension und Zeitverzögerungen - wurden entsprechend unabhängige Verfahren entwickelt, siehe Abschnitt 3.2.2. Diese Trennung führt zu einem Problem, das weniger explizit schon von Abarbanel und Lall (1996) angeführt wurde: Auch wenn die Rekonstruktion eine Einbettung ist, haben die Einbettungsparameter einen Einfluß auf die Modellanpassung. Daher muß man erwarten, daß der Prädiktionsfehler, den man mit einem Modell und einem Algorithmus zur Adaptation der Modellparameter erhält, beträchtlich von den Einbettungsparametern abhängt. Die Abhängigkeit kann sogar größer sein als die des Fehlers von verschiedenen Modellen aber gleichen Rekonstruktionen.

3.2.1 Abhängigkeit Rekonstruktion–Prädiktion

Die Probleme, die durch die Trennung von Rekonstruktion und Prädiktion entstehen, lassen sich durch die Identifizierung der zu approximierenden Funktion verdeutlichen: Die zeitliche Entwicklung des zu Grunde liegenden Systems vom Zeitpunkt t' ausgehend ergibt sich durch eine Funktion $\mathbf{F}_{\triangle}(\cdot)$, z. B. als Lösung einer Differentialgleichung, folgendermaßen:

$$\mathbf{r}(t' + \triangle) = \mathbf{F}_{\triangle}(\mathbf{r}(t')) \quad . \tag{3.5}$$

Ziel ist es, aus Messungen der Zeitreihe $x(t)$ einen Wert in der Zukunft, $x(t+T)$, vorherzusagen. Ausgehend vom Einbettungstheorem wird eine Rekonstruktion der Zeitreihe zu einem Vektor $\mathbf{s}(t)$ vorgenommen, für den gilt: $\mathbf{s}(t) = \mathbf{R}(\mathbf{r}(t))$. Das Prädiktionsproblem stellt sich darin, eine geeignete Abbildung $\mathbf{M}$ zu finden, mit:

$$\mathbf{s}(t+T) = \mathbf{M}\left[\mathbf{s}(t)\right] \quad \text{, also}$$

$$\begin{gathered}(x(t+T), x(t+T-\tau_1), \ldots, x(t+T-\tau_{d_E-1})) = \\ \mathbf{M}\left[(x(t), x(t-\tau_1), \ldots, x(t-\tau_{d_E-1}))\right] \quad .\end{gathered}$$

Da nur $x(t+T)$ vorhergesagt werden soll, kann eine zweite Abbildung definiert werden, die $\mathbf{M}$ auf die erste Koordinate projiziert; Es ergibt sich die gesuchte Abbildung M, mit $x(t+T) = M\left[\mathbf{s}(t)\right]$. M ist eine Verkettung der Abbildungen $\mathbf{R}^{-1}$, $\mathbf{F}_T$ und R, der Projektion von $\mathbf{R}$ auf die erste Koordinate:

$$\begin{aligned} x(t+T) &= M\left[\mathbf{s}(t)\right] \\ &= R\left[\mathbf{F}_T\left[\mathbf{R}^{-1}\left[\mathbf{s}(t)\right]\right]\right] \\ \Rightarrow M &= R \circ \mathbf{F}_T \circ \mathbf{R}^{-1} \end{aligned} \tag{3.6}$$

Gleichung 3.6 zeigt die verschiedenen Komponenten der Abbildung, die vom Modell gelernt werden soll. $\mathbf{F}_T$ ist durch die Prädiktionsaufgabe festgelegt und kann nicht modifiziert werden. R und $\mathbf{R}^{-1}$ hingegen werden durch die Einbettungsparameter $\{d_E, \tau_1, \ldots, \tau_{d_E}\}$ spezifiziert.

Standardverfahren zur Bestimmung dieser Parameter werden im nächsten Abschnitt kurz vorgestellt; sie nehmen keinen Bezug auf die Aufgabe oder die verwendeten Modelle. Daß eine ungünstig gewählte Rekonstruktion zu einem großen Prädiktionsfehler führen kann, auch wenn eine Einbettung besteht, zeigen die darauf folgenden Experimente.

3.2.2 Bestimmung von Einbettungsparametern

Die Methoden zur Bestimmung der Einbettungsparameter sind im Rahmen der Theorie nichtlinearer dynamischer Systeme entstanden. Auch wenn sich Standardverfahren in den Lehrbüchern etabliert haben (Buzug 1994; Kantz und Schreiber 1997), ist das Problem weder theoretisch noch in der Anwendung gelöst. Einbettungsdimension d_E und Zeitverzögerungen τ_i werden fast immer unabhängig voneinander festgelegt.

Bestimmung der Einbettungsdimension

Die Wahl der Einbettungsdimension d_E ist im Prinzip sehr einfach: d_E braucht nur ausreichend groß zu sein, d. h. man schätzt grob die Attraktordimension d des unterliegenden Systems und wendet die hinreichende Bedingung des Einbettungstheorems, $d_E > \lceil 2\,d \rceil$, an, siehe Gleichung 3.4. Aus theoretischer Sicht ist es nicht problematisch, d zu überschätzten, da das für die Existenz des Diffeomorphismus unerheblich ist. Allerdings funktionieren die Methoden zur Durchführung der späteren Aufgabe, hier der Prädiktion, häufig schlechter für große Eingangsdimensionen d_i. Typischerweise ist die Einbettungsdimension die Eingangsdimension für das Prädiktionsmodell. Sie bestimmt im Allgemeinen die Anzahl der benötigten Daten, um die Modellparameter festzulegen. Vor allem bei Modellen, bei denen für verschiedene Bereiche des Datenraums verschiedene lokale Modelle zusammengefügt werden, wächst die Anzahl n der Daten, die benötigt werden, exponentiell mit der Eingabedimension: $n \propto e^{d_i}$ „Fluch der Dimension“ (Bishop 1995b)[2].

Die gebräuchlichste Methode, die minimale Einbettungsdimension zu bestimmen, ist die Methode der *falschen nächsten Nachbarn* (Kennel, Brown, und Abarbanel 1992; Kennel und Abarbanel 1995). Sie basiert auf folgender Grundidee: Wenn man eine Rekonstruktion mit einer zu kleinen Einbettungsdimension wählt, dann schneidet sich der rekonstruierte Attraktor selber. Sich schneidende Trajektorien des rekonstruierten Attraktors charakterisieren Punkte, an denen der Systemzustand nicht eindeutig identifizierbar ist. Das führt dazu, daß Punkte in der Rekonstruktion benachbart sind (d. h. ihr Abstand ist unterhalb einer bestimmten Schwelle), weil sie in der Nähe eines Schnittpunktes liegen und nicht weil sie tatsächliche Nachbarn auf Grund der Dynamik sind. Wenn in solch einer Situation die Einbettungsdimension sukzessive erhöht wird, wird der rekonstruierte Attraktor zunehmend entfaltet und schließlich verschwinden die Schnittstellen und mit ihnen die falschen Nachbarn. Auf diesem Vorgehen basiert der Algorithmus wie er in Abschnitt 3.4 benutzt wird.

Dieses sehr intuitive Vorgehen wird, wie alle Verfahren, schwieriger, wenn die Daten verrauscht sind, weil dann echte und falsche Nachbarn schwerer zu unterscheiden sind. Daher wurden Modifikationen vorgeschlagen, die alle auf demselben Prinzip basieren; z. B. (Kennel und Abarbanel 1995) die *false nearest strands* Methode oder (Aittokallio, Gyllenberg, Kuusela, Hietarinta, und Multamäki 1999). Darüberhinaus wurden weitere Methoden entwickelt, die auf anderen Prinzipien basieren, z. B. ein Vektor Feld Ansatz (Kaplan und Glass 1992); Kantz und Schreiber (1997) geben einen Überblick.

[2] Für einen Überblick über das statistische Lernproblem und die Entwicklung alternativer Verfahren siehe Vapnik (1995, 1998).

Bestimmung der Verzögerungswerte

Die Zeitverzögerungen τ_i werden fast immer unabhängig von der Einbettungsdimension d_E bestimmt. Eine Ausnahme stellt die Arbeit von Kugiumutz dar (1996), in der die Bedeutung der Länge des Zeitfensters $\tau_w = \tau_{d_E-1}$ der Einbettung betont wird. Kugiumutz schlägt vor, $\tau_w \geq \tau_p$ zu wählen, wobei τ_p die durchschnittliche Periodenlänge des zu Grunde liegenden Attraktors ist. Durch diese Forderung führt er einen Zusammenhang zwischen der Einbettungsdimension d_E und den Zeitverzögerungen τ_i ein.

Alle anderen Ansätze wählen die Zeitverzögerungen unabhängig von der Einbettungsdimension. Außerdem wird nur ein τ Wert bestimmt; die Zeitverzögerungen ergeben sich dann als Vielfache davon:

$$\tau_i = i \cdot \tau \quad . \tag{3.7}$$

Es gibt hauptsächlich zwei Standardansätze zur Bestimmung von τ, der eine ist geometrisch basiert, der andere informationstheoretisch. Die geometrisch basierte Methode stellt die Forderung, daß der rekonstruierte Attraktor ausreichend von der Diagonale entfaltet ist. D. h. eine Auftragung der Punkte $x(t+\tau)$ gegen $x(t)$ soll nicht zu nah an der Winkelhalbierenden liegen, was für kleine τ der Fall ist. Wenn τ jedoch zu groß gewählt wird, dann führt das auf eine Faltung des rekonstruierten Attraktors, die ihn komplexer macht, als es notwendig wäre (Rosenstein, Collins, und De Luca 1994; Kantz und Schreiber 1997).

Der informationstheoretische Ansatz basiert auf einem ähnlichen Gedanken: τ soll so gewählt werden, daß die Korrelation zwischen zwei aufeinanderfolgenden Koordinaten im Einbettungsvektor nicht zu klein aber auch nicht zu groß ist. Ein sehr kleiner Wert für τ führt zu einer hohen Korrelation, d. h. die Werte tragen kaum unterschiedliche Information. Wird τ zu groß gewählt, so repräsentieren $x(t+\tau)$ und $x(t)$ zwei verschiedene physikalische Zustände des dynamischen Systems. Anfangs wurde ausschließlich die Korrelation betrachtet und der Wert τ gewählt, für den die Autokorrelation ihr erstes Minimum hat. Um nichtlineare Abhängigkeiten mit einzuschließen, wird mittlerweile die Transinformation zwischen $x(t+\tau)$ und $x(t)$ genutzt (Fraser und Swinney 1986; Fraser 1989; Pineda und Sommerer 1993). Die Transinformation (Cover 1991) beschreibt im informationstheoretischen Sinn, wieviel Information in der Messung von $x(t)$ über $x(t+\tau)$ enthalten ist. Diese Größe wird im nächsten Abschnitt, 3.3, verwendet und beschrieben. Bei der Bestimmung der Zeitverzögerung wird auch bei der Transinformation das erste Minimum in Abhängigkeit von τ genommen, wenn es existiert; ansonsten wird τ so gewählt, daß die Transinformation auf $1/e$ abfällt. Auch wenn erweiterte informationstheoretische Maße vorgeschlagen wurden, die alle Komponenten des Einbettungsvektors berücksichtigen, (Prichard und Theiler 1995; Wienholt und Sendhoff 1996), ist dennoch die Transinformation zwischen $x(t)$ und $x(t+\tau)$ als Standardverfahren zur Bestimmung der Verzögerungswerte vorherrschend (Abarbanel 1996). Diese Methode wird in Abschnitt 3.4 genutzt.

Keine der genannten Methoden zieht die spätere Aufgabe mit in Betracht, z. B. die Bestimmung der Liapunov Exponenten oder die Berechnung der Korrelationsdimension des Attraktors. Einen Bezug herzustellen zwischen den optimalen Einbettungen für eine konkrete Aufgabe und den Werten der Standardverfahren ist schwierig. Dieses Problem wird in vielen Publikationen erwähnt (Grassberger, Schreiber, und Schaffrath 1991; Rosenstein, Collins, und De Luca 1994; Kugiumutzis 1996; Lee und Soh 1999), denn dort wird ein Optimalitätskriterium für die Einbettung definiert. Dieser Aspekt ist für die vorliegende Arbeit wichtig, da sich zeigen wird, daß rückgekoppelte Netze für Prädiktionsaufgaben einen methodischen Ausweg darstellen.

3.3 Implizite Einbettung

In diesem Abschnitt wird der Aspekt der Rekonstruktion in RNN bei der Zeitreihenprädiktion untersucht. Es hat sich gezeigt, daß einfache RNN Standardstrukturen, z.B. Elman Netze (vgl. Abschnitt 2.2.2) mit nur einem Eingabe- und einem Ausgabeknoten, sehr gute Prädiktionsergebnisse erreichen. Diese Fähigkeit wird durch die Neurone ermöglicht, deren Ausgabewert im nächsten Zeitschritt als Eingabe dient. Eine Einbettung kann also offensichtlich auch implizit vom RNN durch die Gedächtnisschichten realisiert werden. Zu einem vorwärtsgekoppelten Netz, das einen aus Zeitverzögerungen rekonstruierten Vektor $\mathbf{s}(t)$ als Eingabe bekommt, besteht ein fundamentaler Unterschied: Das FFNN muß mit einer extern vorgegebenen Repräsentation der Vergangenheitswerte die Aufgabe lernen, während die Repräsentation im RNN von den internen Zuständen abhängt, die während des Lernvorgangs angepaßt wird. Diese internen Zustände müssen zwei Dinge garantieren: Erstens werden sie gebraucht, um die Zielwerte am Netzausgang zu berechnen, und zweitens müssen sie die Information bereitstellen, die im nächsten Zeitschritt benötigt wird.

Die Beobachtung des Lernvorgangs erlaubt einen Einblick in die Art, in der das RNN das Einbettungsproblem lösen kann. Um qualitativ zu beurteilen, ob ein Neuron an dieser impliziten Einbettung beteiligt ist, wird im folgenden ein Maß, aufbauend auf Methoden der Informationstheorie, definiert, das auf der Bedeutung der Rückkopplung als „internem" Eingang beruht.

In Abschnitt 3.2.2 wurde die Transinformation $I(X;Y)$ zwischen zwei Zufallsvariablen X und Y als ein Maß für den Aussagegehalt einer Zufallsvariable über die andere erwähnt. Sie ist definiert als (Cover 1991):

$$\begin{aligned} I(X;Y) &= \sum_i \sum_k p(x_i, y_k) \log \frac{p(x_i, y_k)}{p(x_i)p(y_i)} \\ &= \sum_i \sum_k p(x_i, y_k) \log \frac{p(x_i|y_k)}{p(x_i)} \\ &= -\sum_i p(x_i) \log p(x_i) - \left(-\sum_i \sum_k p(x_i, y_k) \log p(x_i|y_k) \right) \\ &= H(X) - H(X|Y) \ . \end{aligned}$$

Die Transinformation mißt also die Abnahme der Unsicherheit über eine Zufallsvariable aufgrund des Wissens über die andere Zufallsvariable.

Im Falle rückgekoppelter neuronaler Netze werden nun folgende Zufallsvariablen in Bezug gesetzt: einerseits die als internen Eingänge genutzten Ausgaben der rückkoppelnden Neurone i: $(Y_i(t))_t$, und andererseits die externe Eingangszeitreihe, sowie die um d Zeitschritte verzögerten Eingangszeitreihen: $(X(t-d))_t$:

$$I(X(t-d)\,;\,Y_i(t)) \ . \tag{3.8}$$

D. h. die Interpretation des Netzes wird im Rahmen der Arbeit nicht über die Analyse der Verbindungen, sondern über die Knotenaktivitäten für eine anliegende Aufgabe angegangen.

Eine hohe Transinformation für Neuron i bei einem Wert d hat folgende Bedeutung: die Ausgabe von Neuron i, $y_i(t)$, trägt viel Information über den d Schritte alten externen Netzeingang, $x(t-d)$. Die Neuronenausgabe ist auf ähnliche Art an der Einbettung beteiligt, wie die Vektorkomponente $x(t-\tau_j)$ mit $\tau_j = d$ im Einbettungsvektor einer Rekonstruktion (Gleichung 3.2). Die

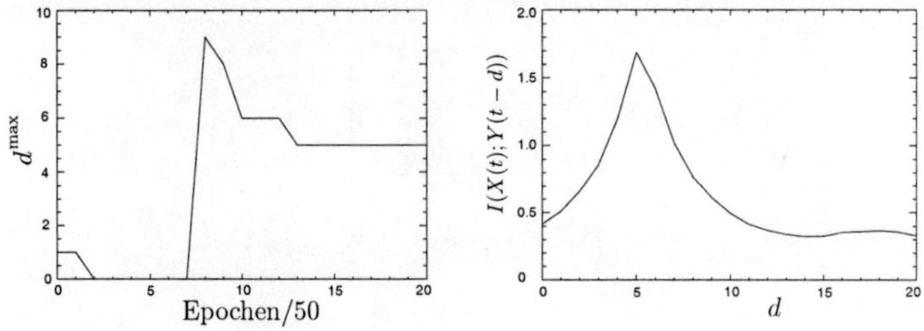

Abbildung 3.1: Links: Entwicklung des $d^{\max}$ Wertes für ein rückkoppelndes Neuron während des Lernvorgangs. Rechts: Transinformation zwischen $(Y(t))$ desselben Neurons und dem zeitverzögerten externen Input $(X(t-d))$ am Ende des Lernvorgangs.

Verzögerung, die zu maximaler Transinformation führt, ist:

$$d_i^{\max} = \max_d \{ I(X(t-d); Y_i(t)) \} \quad . \tag{3.9}$$

Der Wert $d_i^{\max} \geq 1$ charakterisiert eine implizite Einbettung, d. h. Neuron i trägt mehr Information über eine vergangene Eingabe als über die aktuelle Eingabe. Natürlich können implizite Einbettung und Prädiktion im RNN nicht strikt voneinander getrennt werden, ein Neuron wird also nicht ausschließlich zur Einbettung beitragen.

Anhand der Prädiktionsaufgabe des Lorenz Attraktors (Lorenz 1984) mit einem RNN wurde das eingeführte Maß untersucht. Die Zeitreihe (1000 Datenpunkte) entstammt der x-Achse der numerischen Integration einer dreidimensionalen Differentialgleichung (Anhang A).

Für die $d^{\max}$ Werte gibt es während des Lernens eine allgemeine Charakteristik: Zu Beginn des Lernvorgangs, in den ersten Epochen nach der Zufallsinitialisierung, nehmen alle $d^{\max}$ den Wert 0 an, siehe Abb. 3.1 links (für ein Neuron). Dieses Verhalten ist direkt der ersten Phase des Lernvorgangs im RNN zuzuordnen: Bei einer Prädiktionsaufgabe von $x(t)$ nach $x(t+1)$ mit nur einem Eingang lernt das RNN zu Beginn eines von zwei möglichen Verhalten. Entweder wird die Identitätsabbildung gelernt, d. h. $\hat{x}(t+1) = x(t)$, oder es wird der Mittelwert[3] der Zeitreihe gelernt: $\hat{x}(t+1) = E_t\{x(t)\}$, wobei

[3]Das Lernen von Mittelwerten der Ausgabedaten ist ein typisches Merkmal auch

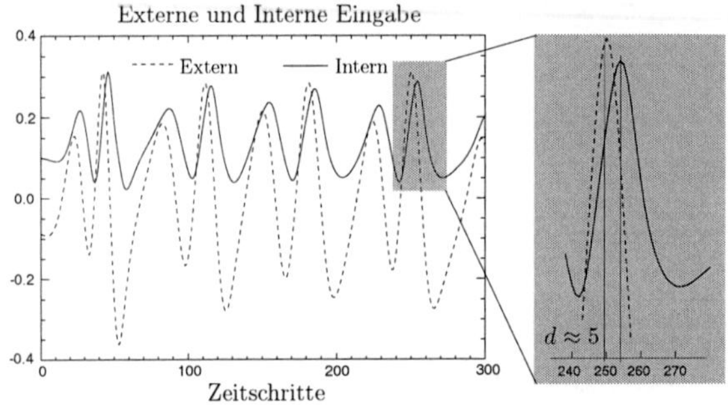

Abbildung 3.2: Externe Eingabezeitreihe $(X(t))$, gestrichelte Linie, und interner Eingang aus der Gedächtnisschicht $(Y(t))$, durchgezogene Linie; Man sieht die Verschiebung des internen Eingangs um 5 Zeitschritte.

die Netzausgabe von der Eingabe (nahezu) unabhängig ist ($\hat{x}(t+1)$ ist der Prädiktionswert). In beiden Fällen wird keine Information über vergangene Eingaben benötigt, was sich in der Entwicklung der $d^{\max}$ Werte widerspiegelt.

Im Verlauf des Lernens ändert sich das Verhalten: Der Prädiktionsfehler nimmt stark ab, und einige rückkoppelnde Neurone entwickeln einen $d^{\max} \neq 0$ Wert. Dabei nimmt der Prädiktionsfehler weiter ab, als es durch eine skalare Funktion $\hat{x}(t+1) = f(x(t))$ erreichbar ist; ein Beispiel dafür wird im nächsten Abschnitt gegeben. Die Einbettung und die Approximation entwickeln sich offensichtlich gemeinsam. Ein Beispiel für die Transinformationswerte zwischen der verzögerten Eingangsvariablen $(X(t-d))$ und dem internen Eingang durch ein verdecktes Neuron $(Y(t))$ ist in Abb. 3.1 rechts gezeigt. Man sieht sehr deutlich, daß das Neuron eine hohe Transinformation zu der Eingangszeitreihe von vor 5 Zeitschritten hat. Diese Eigenschaft kann man auch direkt erkennen, wenn man die Eingangszeitreihe und die Aktivität des Neurons über die Zeit aufträgt, siehe Abb. 3.2.

Ein weiterer Test für ein sinnvolles Lernverhalten des RNN und das eingeführte Maß besteht darin, einem RNN eine Eingabesequenz zu präsentieren, in deren zeitlicher Abfolge keine weitere Information steckt. Dazu wurde

vorwärtsgekoppelter neuronaler Netze und spiegelt den rein statistischen Ansatz des Approximationsmodells wieder (Goerick 1998) dieselbe Zeitreihe in jeder Epoche des Lernvorgangs in ihrer Abfolge randomisiert. In dieser Situation war $d_i^{\max} = 0$ für alle Neurone i während des gesamten Lernvorgangs. Darüberhinaus konvergieren die Rückkopplungsgewichte $r_{ij} \to 0$ im Lernvorgang, wodurch sich natürlich auch das Verhalten der $d^{\max}$ Werte ergibt[4].

Die Ergebnisse, die sich bei der Interpretation RNN mit dieser Methode ergeben, haben sich für verschiedene Zeitreihen, verschiedene Prädiktionsaufgaben und viele Netzstrukturen bestätigt.

3.4 Abhängigkeit Modell–Aufgabe–Einbettung

In diesem Abschnitt wird empirisch gezeigt, daß die Abhängigkeit der optimalen Einbettung von der Aufgabe und dem Modell, vgl. Abschnitt 3.2, tatsächlich wesentlich ist. Dazu werden verschiedene Prädiktionsaufgaben mit zwei typischen Modellen behandelt, und die optimale Rekonstruktion wird durch systematisches Absuchen geeigneter Rekonstruktionsparameter $\{\tau_1, \tau_2\}$ ermittelt. Vergleichend zum systematischen Absuchen werden die eingeführten Standardmethoden zur Bestimmung der Rekonstruktion auf die Daten angewendet. Dieselben Aufgaben werden anschließend mit RNN bearbeitet und mit dem eingeführten Maß der impliziten Einbettung diskutiert.

3.4.1 Die Prädiktionsaufgaben

Die Zeitreihen entstammen der x Koordinate des numerisch integrierten chaotischen Lorenz Attraktors (Lorenz 1963) und der Intensitätsfluktuation eines Lasers (Gershenfield und Weigend 1993). Datenanalyse und Modellgeichungen legen auch für die Laserintensität ein niederdimensionales, chaotisches Verhalten nahe (Haken 1990). Diese Zeitreihen sind oft Grundlage für Beispielprobleme, eine genauere Beschreibung befindet sich in Anhang A.

Zwei verschiedene Prädiktionshorizonte $T \in \{1, 5\}$ und normalverteiltes Rauschen mit einem Signal zu Rauschverhältnis von $\infty, 30, 25$ und 20 dB ergeben die verschiedenen Prädiktionsaufgaben. Trainings und Testdatensatz

[4]Für eine verwandte Situation, bei der zu einem vorwärtsgekoppelten neuronalen Netz ein Eingang hinzugefügt wird, der stochastisch von der Ausgabe unabhängig ist, ist bewiesen, daß die Gewichte von dem Neuron gegen 0 konvergieren (Goerick 1998).

sind Sequenzen von 1000 Daten. Die Prädiktionsaufgabe war jeweils:

$$(x(t-\tau_2), x(t-\tau_1), x(t)) \rightarrow x(t+T) \ .$$

Auf die Laser Zeitreihe wurde kein zusätzliches Rauschen addiert, da die Daten von einem echten System stammen und somit sicherlich verrauscht sind. Hier waren Trainings- und Testsequenz jeweils 500 Daten. Es wurde dieselbe Prädiktionsaufgabe wie für die Lorenzzeitreihe durchgeführt, sowie

$$(x(t-\tau_1), x(t)) \rightarrow x(t+T) \ .$$

Für beide Zeitreihen wurde der Bereich $\tau_1 \in \{1, \ldots, 6\}$, $\tau_2 \in \{\tau_1 + 1, \ldots, 12\}$ ausgewertet; Die Ergebnisse zeigen, daß eine gute Rekonstruktion im Sinne des Prädiktionsfehlers jenseits dieses Bereichs nicht zu erwarten ist. Im Fall der zweidimensionalen Rekonstruktion für die Laserzeitreihe ist $\tau_1 \in \{1, \ldots, 10\}$.

3.4.2 Die verwendeten Modelle

Der funktionale Zusammenhang, $\hat{x}(t+T) = f(x(t-\tau_2), x(t-\tau_1), x(t))$, bzw. $\hat{x}(t+T) = f(x(t-\tau_1), x(t))$, wird von zwei verschiedenen Modelltypen dargestellt, die Eingangsdimension ist der Aufgabe entsprechend 3 (oder 2), die Ausgangsdimension ist 1.

Vorwärtsgekoppelte Netze

Die eine Modellklasse sind FFNN Standardstrukturen, vgl. Abschnitt 2.1; Es wurden zwei FFNN verwendet, mit einer verborgenen Schicht aus 4 bzw. 2 Neuronen. Die Eingangsschicht ist voll mit der verdeckten Schicht verbunden, diese wiederum mit dem Ausgangsknoten (Notation: 3-2-1 und 3-4-1 FFNN). Es wird mit stochastischem Gradientabstieg gelernt, d. h. die Gewichtsveränderung wird nach der Präsentation eines Musters nach Gleichung 2.36 vorgenommen ($\eta = 0.01, \alpha = 0.5$). Die Trainingsmuster werden stochastisch aus dem Trainingsdatensatz gezogen. Dieses Verfahren gilt als sehr schnell und gut (Orr und Müller 1998) ist aber auf Grund des stochastischen Ziehens nicht für das Trainieren rückgekoppelter Netze geeignet. Bei dem Trainieren der Netze wurde der Datensatz 1000 mal präsentiert. Zur Bewertung eines Netzes wird das Lernen 20 Mal mit unterschiedlichen, zufälligen Anfangsinitialisierungen durchgeführt. Da es zu Ausreißern, d. h. vereinzelten, sehr schlechten Lernergebnissen kommen kann, wird das Netz anhand des Medians der Fehler beurteilt. Siehe dazu auch Abschnitt 4.5.2.

Lokal lineares Modell

Lokal lineare Modelle (LLM) werden spätestens seit der Arbeit von Farmer und Sidorowich (1987) oft eingesetzt, um chaotische Zeitreihen vorherzusagen[5]. Dabei wird der Datenraum in disjunkte Bereiche aufgeteilt, und in jedem Bereich wird die gesuchte Funktion durch eine lineare Abbildung realisiert. Für die lineare Abbildung können die Parameter aus den Trainingsdaten durch Matrixinversion exakt bestimmt werden, ein iterativer Algorithmus zur Anpassung ist unnötig. Allerdings ist die Wahl der Anzahl und der Positionen der Datenraumbereiche schwierig. Deren Zentren werden gewöhnlich durch ein Vektor Quantisierungsverfahren bestimmt; am gebräuchlichsten ist wahrscheinlich die Methode der K nächsten Nachbarn. Es gibt kein konstruktives Verfahren, um die Anzahl der lokalen Modelle zu bestimmen. Tendenziell wird jedoch die Anpassung an die Trainingsdaten umso besser, je mehr Modelle man nimmt, allerdings nimmt dabei die Generalisierungsfähigkeit ab. Das aus der Statistik bekannte Bias-Varianz Dilemma (Geman, Bienenstock, und Doursat 1992), siehe auch Abschnitt 4.1, steckt also für LLM in der Anzahl der lokalen Modelle.

Die Vektor Quantisierung wurde in den Simulationen mit der iterativen *neural-gas* Methode (Martinetz und Schulten 1994) durchgeführt, in Kombination mit der gleichzeitigen Adaptation der Parameter der linearen Modelle. Dieses Verfahren funktioniert besser als die Methode der K nächsten Nachbarn (Martinetz, Berkovich, und Schulten 1993), und die iterative Bestimmung der Zentren der linearen Modelle kann mit der Bestimmung der Parameter zusammengefaßt werden, wodurch eine separate Matrix Inversion unnötig wird. Das Verfahren berechnet N_{ref} Referenzvektoren $\mathbf{w}^i = (w_1^i, \ldots, w_{d_E}^i)$ $0 \leq i < N_{\text{ref}}$; die $\mathbf{w}^i$ bilden die Zentren der linearen Modelle aus den rekonstruierten Vektoren $\mathbf{s}(t)$ der Zeitreihe $x(t)$. Der Datenraum wird mit Hilfe der Zentren in Voronoi Polygone aufgeteilt, d. h. in Polyhedra:

$$V_i = \left\{\mathbf{s}(t) \mid \|\mathbf{s}(t) - \mathbf{w}^i\| \leq \|\mathbf{s}(t) - \mathbf{w}^j\| \; \forall j \neq i\right\} \quad .$$

Für jeden Referenzvektor $\mathbf{w}^i$ wird ein lineares Modell definiert:

$$\hat{x}(t+T) = b^{i(t)} + \mathbf{a}^{i(t)}(\mathbf{s}(t) - \mathbf{w}^{i(t)}) \quad ,$$

wobei $i(t)$ das Voronoi Polygon des Einbettungsvektor $\mathbf{s}(t)$ indiziert. Die Adaptation der Parameter b und $\mathbf{a}$ wird durch Gradientenabstieg bezüglich des

[5]Die Modelle sind den SETAR Modellen der Statistik (Tong 1990) ähnlich.

Prädiktionsfehlers vorgenommen. Zu jedem Vektor $\mathbf{s}(t)$ gibt es eine Nachbarschaftsrangfolge der Referenzvektoren $\{\mathbf{w}^{i_0}, \mathbf{w}^{i_1}, \ldots, \mathbf{w}^{i_{N_{\text{ref}}-1}}\}$, d.h. $\|\mathbf{s}(t) - \mathbf{w}^{i_p}\| \leq \|\mathbf{s}(t) - \mathbf{w}^{i_q}\|$ wenn $p \leq q$. Es bezeichne $k_i(\mathbf{s}(t), \mathbf{w})$ den Nachbarschaftsrang des Referenzvektors $\mathbf{w}^i$ in Bezug auf $\mathbf{s}(t)$, beginnend bei 0 für den nächsten Nachbarn bis $N_{\text{ref}}-1$. Außerdem sei $h_\lambda(k) = \exp(-k/\lambda)$. Dann kann man das Verfahren folgendermaßen zusammenfassen:

- Zufallsinitialisierung von $(\mathbf{w}^i, b_i, \mathbf{a}_i)$
- Schleifenbeginn $n = 0$ – ziehe zufällig $\mathbf{s}(t)$
- Berechnung der Nachbarschaftsrangordnung

$$\begin{aligned} \| \mathbf{s}(t) - \mathbf{w}^{i_0} \| &\leq \| \mathbf{s}(t) - \mathbf{w}^{i_1} \| \leq \ldots \\ &\leq \| \mathbf{s}(t) - \mathbf{w}^{i_j} \| \leq \ldots \leq \| \mathbf{s}(t) - \mathbf{w}^{i_{N_{\text{ref}}-1}} \| \end{aligned}$$

  und der Nachbarschaftsränge

$$k_i(\mathbf{s}(t), \mathbf{w})$$

- Anpassen aller Referenzvektoren $i = 0, \ldots, N_{\text{ref}} - 1$

$$\mathbf{w}^i = \mathbf{w}^i + \epsilon\, h_\lambda(k_i(\mathbf{s}(t), \mathbf{w})) \cdot (\mathbf{s}(t) - \mathbf{w}^i)$$

- Anpassen der Parameter der linearen Modelle

$$\begin{aligned} b_i &= b_i + \epsilon' \cdot h_{\lambda'}(k_i(\mathbf{s}(t), \mathbf{w})) \cdot (x(t+T) - b_i) \\ \mathbf{a}_i &= \mathbf{a}_i + \epsilon' \cdot h_{\lambda'}(k_i(\mathbf{s}(t), \mathbf{w})) \cdot \left(x(t+T) - b_i - \mathbf{a}^i(\mathbf{s}(t) - \mathbf{w}^i)\right) \\ &\quad \cdot (\mathbf{s}(t) - \mathbf{w}^i) \end{aligned}$$

- erhöhe n um 1; Schleifenende für $n > n_{\max}$

Die Parameter $(\epsilon, \lambda, \epsilon', \lambda')$ werden im Verlauf des Algorithmus reduziert:

$$\epsilon(n) = \epsilon_{\text{init}} \left(\frac{\epsilon_{\text{final}}}{\epsilon_{\text{init}}} \right)^{(n/n_{\max})}$$

Die Parameter für die Experimente waren: $(\epsilon_{\text{init}} = 0.5, \epsilon_{\text{final}} = 0.005, \lambda_{\text{init}} = 0.0, \lambda_{\text{final}} = 0.01, \epsilon'_{\text{init}} = 0.75; \epsilon'_{\text{final}} = 0.5, \lambda'_{\text{init}} = \lambda'_{\text{final}} = 10^{-7})$. Da die Referenzvektoren sehr viel schneller adaptieren als die Parameter der lokalen Modelle, wurden für die Anpassung zwei verschiedene Zeitskalen eingeführt: $n_{\max} = 30$ und $n_{\max} = 500$, d. h. nach 30 Schritten wurden die Referenzvektoren nicht weiter verändert. In Abbildung 3.3 ist dargestellt, wie sich 49 Referenzvektoren (Boxen) im Raum der rekonstruierten Lorenzzeitreihe (Punkte) verteilen.

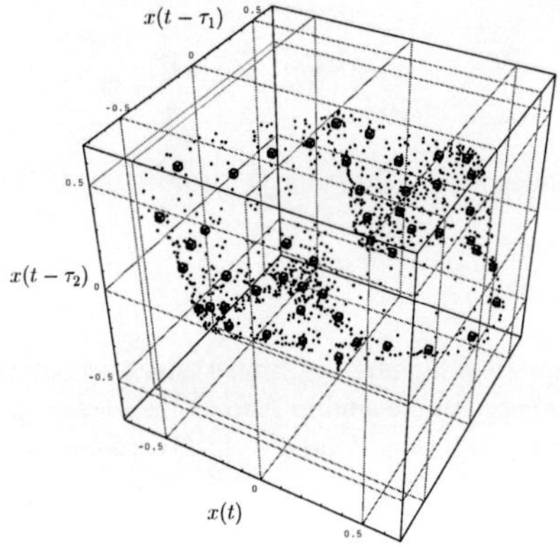

Abbildung 3.3: Dreidimensionale Rekonstruktion des Lorenzsystems mit $\tau_1 = 2$ and $\tau_2 = 12$ (987 Datenpunkte) und den darin verteilten Referenzvektoren (49 Boxen), als Ergebnis der Vektorquantisierung mit der *neural-gas* Methode.

3.4.3 Experimentelle Ergebnisse

In diesem Abschnitt werden die experimentellen Ergebnisse diskutiert. Grundlage sind die Prädiktionsfehler in Abhängigkeit von (τ_1, τ_2); Sie werden grauskaliert aufgetragen, wobei in jeder Abbildung helles Grau für einen kleinen Fehler und dunkles Grau für einen großen Fehler steht[6]. Zum einfacheren Verständnis der Auswertung seien die Kernaussagen kurz vorweggenommen:

- (τ_1, τ_2) Kombinationen, für die LLM gute Ergebnisse erzielen, sind i.A. nicht optimal für FFNN, und vice versa.
- Es gibt Charakteristika in der bevorzugten Einbettung für LLM und FFNN, die für einem Großteil der experimentellen Probleme zutreffen.
- Rauschen auf den Daten beeinflußt die Wahl guter Einbettungsparameter.

[6]Die Skalierung ist, wegen der stark variierenden Fehler bei den einzelnen Aufgaben, in jeder Abbildung auf maximalen und minimalen Fehler angepaßt.

- Eine Modifizierung der Modellstruktur (3-4-1 oder 3-2-1 FFNN) bedeutet eine kleinere Änderung der Charakteristika, als ein Wechsel der Modellstruktur (FFNN oder LLM).

- Es ist nicht einfach, die optimale oder eine sehr gute Einbettung zu finden, die Bereiche guter Einbettungen sind klein.

- Die beschriebenen Standardmethoden zur Bestimmung der Einbettungsparameter sind ungeeignet.

Lorenz Zeitreihe

Die Resultate der Standardverfahren zur Bestimmung der Einbettungsparameter, siehe Abschnitt 3.2.2, für die Lorenzzeitreihe sind in Abb. 3.4 gezeigt, und legen $d_E = 3$, und $\tau_1 = 1 \cdot \tau = 4$ und $\tau_2 = 2 \cdot \tau = 8$ nahe, siehe Gleichung 3.7.

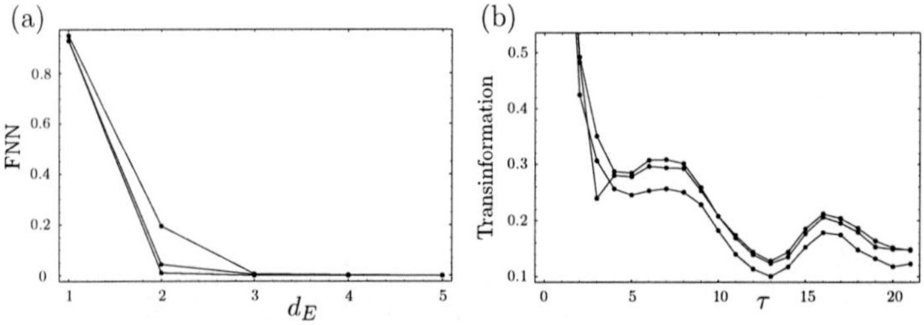

Abbildung 3.4: Lorenz Attraktor x Koordinate: (a) Falsche Nächste Nachbarn Algorithmus zur Bestimmung der Einbettungsdimension (mit $\tau = 3$). (b) Transinformation der Zeitreihe. Die Kurven beziehen sich, von oben nach unten, auf Rauschen mit SNR=$20, 30, \infty$dB.

Die Ergebnisse auf der nicht verrauschten Lorenzzeitreihe mit den FFNN und dem kleinen Prädiktionshorizont ($T = 1$) zeigen, daß sehr kurze Verzögerungszeiten gut sind, siehe Abbildung 3.5(a). Kurze Verzögerungszeiten bedeuten, daß die Rekonstruktion des Attraktors nahe an der Diagonalen liegt; Die Prädiktionsfunktion M, Gleichung 3.6, ist daher „fast" linear.

Für das 3-4-1 FFNN liefern nur wenige Rekonstruktionen gute Resultate, $(\tau_1, \tau_2) \in \{(1,2), (1,3), (2,3)\}$. Das gilt sowohl bzgl. des Medians als auch des

Minimums über 20 Initialisierungen. Gleiches gilt für das 3-2-1 FFNN: die drittbeste Einbettung ist bereits 9% schlechter als die beste, die fünfte 38% und die zehnte 85%.

Für $T = 1$, aber mit verrauschten Daten, ergibt sich Folgendes: Bei einem kleinen Rauschlevel (SNR=30dB) sind die sehr kleinen τ Werte nicht mehr optimal. Für beide FFNN ergeben sich als bessere und robustere Einbettungsparameter $(\tau_1, \tau_2) \in \{(2,4),(2,5),(2,6)\}$. Selbst kleine Variationen an diesen τ Werten führen zu einer signifikanten Verschlechterung der Prädiktionsfehler: Erzwingt man z. B. $\tau_1 = 1$, dann paßt $\tau_2 = 2$ dazu am besten, dennoch wächst der Median der Fehler (3-2-1 FFNN) von optimal $3.82 \cdot 10^{-4}$ auf $4.10 \cdot 10^{-4}$ (entspricht 7.4 %). Addiert man mehr Rauschen auf die Daten (SNR = 25dB, 20dB) wird wieder $\tau_1 = 1$ mit $\tau_2 = 3$ oder 4 optimal. Diese Beobachtungen gelten wiederum für beide Netzstrukturen.

Für die 5 Schritt Prädiktion ($T = 5$) zeigen sich ähnliche Effekte, allerdings ist in diesem Fall das größere Netz wesentlich besser als das kleinere 3-2-1 FFNN. Die 'bevorzugten' Zeitverzögerungen hängen auch hier vom Rauschen ab. Für die unverrauschten Daten erweisen sich wieder die kurzen Zeitverzögerungen als gut: $(\tau_1, \tau_2) \in \{(1,5),(1,6),(2,5)\}$; die ganz kurzen τ Kombinationen der 1 Schritt Prädiktion sind jedoch nicht mehr optimal. Um die verrauschte Zeitreihe vorherzusagen, eignen sich etwas größere Verzögerungen besser: $\{(2,5),(2,6),(3,6)\}$. Für ein Rauschlevel von 20dB sind diese Werte weiterhin gut, allerdings ist auch wieder die Kombination $(1,3)$ vergleichbar. Der Effekt, daß für höheres Rauschen kurze τ Werte geeignet sind, ist für $T = 5$ und $T = 1$ ähnlich.

Folgendes Bild ergibt sich damit für die FFNN: Die Wahl der Zeitverzögerungen bestimmt ganz wesentlich den Prädiktionsfehler. Eine Änderung eines τ Wertes um 1, kann leicht zu einer Verschlechterung der Prädiktion um einige 10 % führen. Für die durchgeführten Experimente waren fast immer kurze Zeitverzögerungen optimal, $\tau_1 > 4$ ergab für alle Aufgaben schlechte Resultate. Bei geringem Rauschen erweisen sich etwas erhöhte Zeitverzögerungen als günstig. Für SNR=20dB sind kleine τ Werte wieder gut. Die Einbettungsparameter, die sich durch das Transinformationskriterium ergeben, $\tau_1 = 4$ und $\tau_2 = 8$ (Abb. 3.4), sind für alle durchgeführten Simulationen weit außerhalb des Bereichs guter Einbettungsparameter.

Die Situation für das lokal lineare Modell ist anders als für die FFNN. Es wurden dieselben Prädiktionsaufgaben durchgeführt, bis auf SNR=25dB. Für beide Prädiktionshorizonte ($T = 1, 5$) gibt es ein charakteristisches Verhalten: Bei geringem Rauschen gibt es zu jedem τ_1 Wert einen τ_2 Wert,

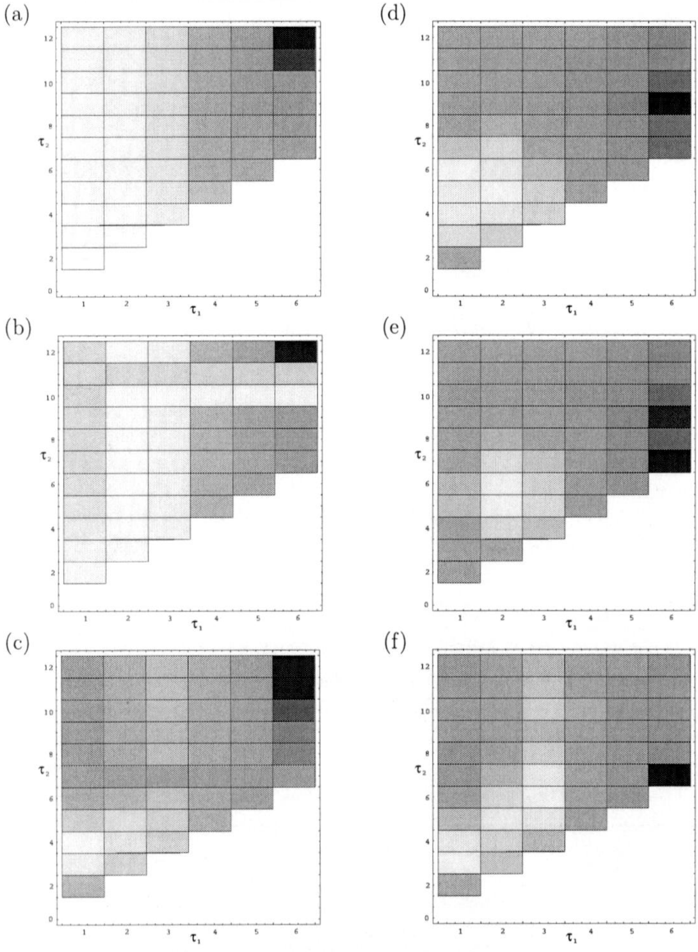

Abbildung 3.5: Grauskalierte Fehler für die Prädiktion der x Koordinate der Lorenz Zeitreihe in Abhängigkeit der Zeitverzögerungen (τ_1, τ_2). Linke Spalte: 3-2-1 FFNN, 1 Schrittprädiktion bei zunehmendem Rauschen SNR ((a) = ∞ dB, (b) = 30dB, (c) = 20dB). Rechte Spalte: 3-4-1 FFNN, 5 Schrittprädiktion bei zunehmendem Rauschen SNR ((d) = ∞ dB, (e) = 30dB, (f) = 20dB).

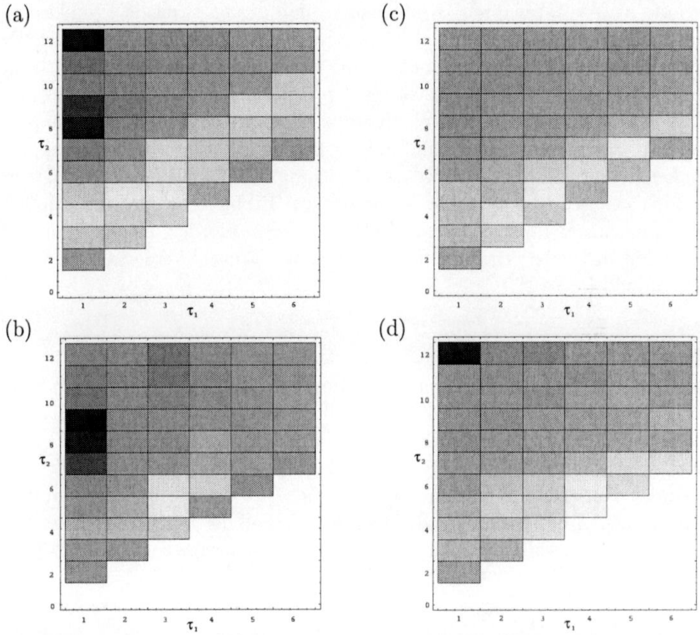

Abbildung 3.6: Grauskalierte Fehler für die Prädiktion der x Koordinate der Lorenz Zeitreihe in Abhängigkeit der Zeitverzögerungen (τ_1, τ_2) mit LLM. (a) T=1, SNR=20dB (b) T=5, SNR=20dB (c) T=5, SNR=30dB (d) T=5, SNR=∞dB.

der gute recht gute Ergebnisse erzielt, eine Daumenregel wäre: $\tau_2 = \tau_1 + 2$; siehe Abb. 3.6(c). Das ist unterschiedlich zum FFNN Modell, wo ein Wert $\tau_1 = 5$ immer zu einem hohen Fehler führt, für jedes τ_2. Bei den verrauschten Zeitreihen ändert sich dieses Verhalten nicht grundlegend, aber der Bereich relativ guter (τ_1, τ_2) Kombinationen wird immer kleiner. Z. B. ist für $T = 5$ und SNR=20dB $(\tau_1, \tau_2) = (3, 5)$ deutlich besser als (2,4), (4,6) oder andere Werte, Abb. 3.6(b).

Die beiden Modellklassen haben also bezüglich der Zeitverzögerungen ihre Charakteristika. Man kann mutmaßen, daß die kurzen Zeitverzögerungen für die FFNN darin ihren Grund haben, daß die zu lernende Prädiktionsfunktion näher am linearen Fall ist. In dieser Hinsicht sind LLM und FFNN unterschiedlich: Die Gesamtfunktion, die von einem LLM erzeugt wird, kann durchaus in kleinen Bereichen von großer Variation sein[7]. Die Anzahl lokaler Modelle legt fest, ob ein stark gekrümmter Bereich einer Funktion gut approximiert werden kann, und wenn andererseits andere Bereiche der zu approximierenden Funktion durch wenige lineare Modelle hinreichend beschrieben werden können, so stellt diese Situation kein Problem für ein LLM Modell dar. Für einschichtige neuronale Netze hingegen erfordert eine zu lernende Funktion mit hoher Krümmung eine steigende Anzahl verdeckter Neurone (Attali und Pagès 1997).

Laser Zeitreihe

Die qualitativen Ergebnisse der Prädiktion der Lorenz Zeitreihe gelten auch für die der Laser Zeitreihe. Allerdings sollte gemäß der Methode der falschen nächsten Nachbarn $d_E = 2$ ausreichen, Abb. 3.7(a). Nimmt man jedoch einen kontinuierlichen chaotischen Prozeß als Signalquelle an, so muß die Attraktordimension größer 2 sein, man wird also $d_E \geq 3$ erwarten. Außerdem fällt das Transinformationsmaß nicht so ab, wie im Fall der Lorenz Zeitreihe, was an der starken oszillatorischen Komponente der Zeitreihe liegt, Abb. 3.7(b).

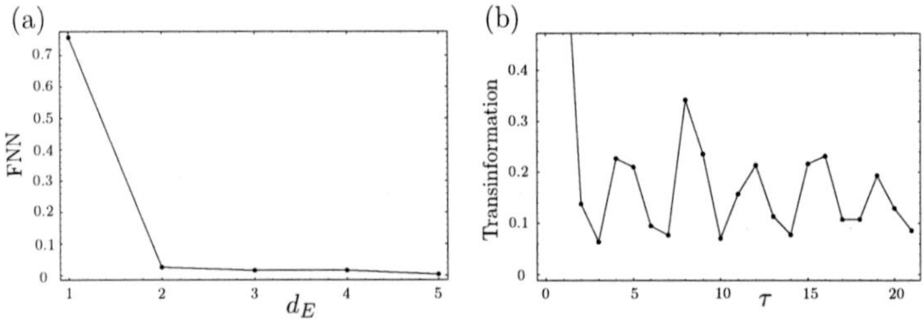

Abbildung 3.7: (a) Anteil falscher nächster Nachbarn zur Bestimmung der Einbettungsdimension mit $\tau = 1$. (b) Transinformation der Zeitreihe.

Beide Modellklassen belegen, daß $d_E = 2$ unzureichend ist. Für das LLM

[7]Der Begriff der Variation ist mathematisch definiert, soll hier aber nur anschaulich als Erweiterung des Krümmungsbegriffs dienen, denn die Krümmung ist für ein LLM an den Übergangsstellen der Modelle nicht definiert und ansonsten 0.

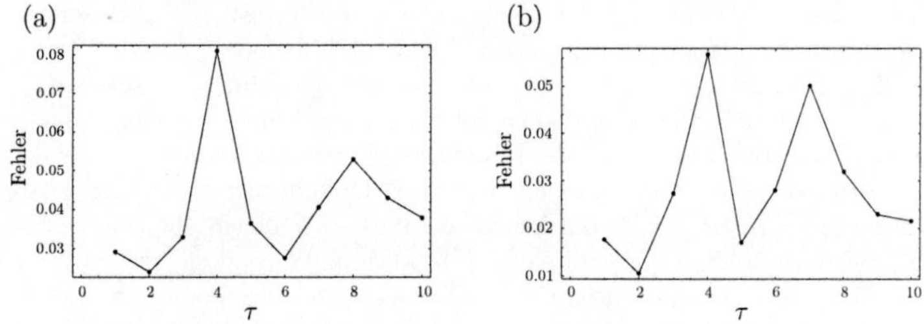

Abbildung 3.8: Prädiktionsfehler der Laser Zeitreihe in Abhängigkeit von τ, für $d_E = 2$. (a) LLM (b) 2-4-1 FFNN, Median über 25 Initialisierungen.

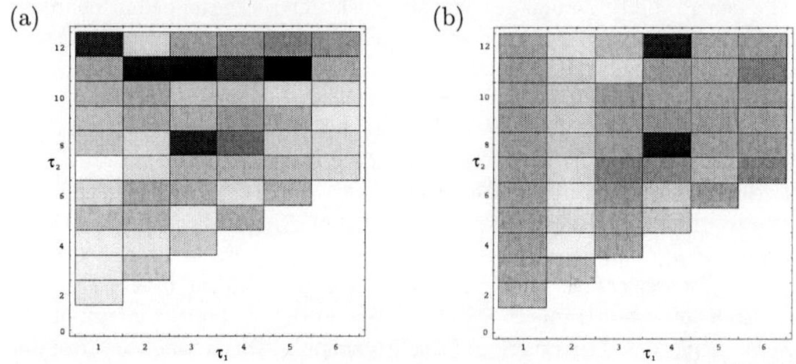

Abbildung 3.9: Grauskalierte Fehler für die Prädiktion der Laser Zeitreihe in Abhängigkeit der Zeitverzögerungen τ_1, τ_2 bei $d_E = 3$. (a) Für LLM (b) für 3-4-1 FFNN, Median über 25 Läufe.

ist der beste Prädiktionsfehler mit $d_E = 2$: 0.024, wohingegen für $d_E = 3$: 0.015 erreicht wird. Der Unterschied ist für FFNN nicht so drastisch, aber dennoch signifikant: $d_E = 2$: 0.011, for $d_E = 3$: 0.0099 (Median über 25 Initialisierungen).

Abbildung 3.9(a) zeigt, daß die Daumenregel $\tau_2 = \tau_1 + 2$ wiederum angemessen für das LLM ist, auch wenn es nicht so deutlich ist, wie im Fall der Lorenz Zeitreihe; Auf Grund der Periodizität der Zeitreihe ergibt sich die beste Einbettung für $(\tau_1, \tau_2) = (1, 7)$. Für die FFNN ist die Situation unterschiedlich: Abbildung 3.9(b) zeigt, daß es wichtig ist, $\tau_1 = 2$ zu setzen. Die optimalen Einbettungsparameter ergeben sich dann mit $\tau_2 = 4$.

Die Transinformation der Zeitreihe hat mehrere Minima, Abb. 3.7(b), z. B. $\tau = 3$ oder 7. Aber diese Werte führen nicht zu guten Prädiktionsergebnissen. Auch die Bestimmung der Einbettungsdimension mit der Methode der falschen nächsten Nachbarn ist unzuverlässig. Obwohl sich die Charakteristika der Modelle von der Lorenz Zeitreihe auf dieses Problem übertragen, lassen sich gute Einbettungsparameter nicht allein auf Grund der Modellklasse angeben; Die durch die Daten repräsentierte Aufgabe bestimmen zusammen mit dem gewählten Modell die optimalen Einbettungsparameter.

3.4.4 Analyse rückgekoppelter neuronaler Netze

Dieselben Prädiktionsaufgaben wurden auch mit rückgekoppelten neuronalen Netzen durchgeführt. Wie bei den FFNN wurde auch hier eine Standardstruktur benutzt, ein Elman Netz mit einem Eingangs- und einem Ausgangsknoten, sowie vier Knoten in der verborgenen Schicht für $T = 1$ und mit sechs verborgenen Knoten für $T = 5$ (1-4-1 RNN und 1-6-1 RNN). Die Daten wurden für die $T = 1$ Prädiktion 1000 mal präsentiert, für die $T = 5$ Prädiktion 1500. Die Resultate ergeben sich durch 50 zufällig initialisierte Lernverläufe mit RPROP als Lernalgorithmus, vgl. Abschnitt 2.5. Dabei wurden die $d_i^{\max}$ Werte, siehe Abschnitt 3.3, für alle verdeckten Neurone des Netzes ausgewertet. Die Größe d_{total} bezeichne das Maximum der $d_i^{\max}$ Werte aller Knoten des trainierten Netzes. Wie in den vorherigen Abschnitten, soll auch hier das Augenmerk auf der Abhängigkeit der Einbettung von der Aufgabe liegen; Die Ergebnisse sind in Tabelle 3.1 zusammengefaßt. Die Resultate belegen, daß die rückgekoppelten Netze eine Einbettung entwickeln, die mit dem eingeführten Maß analysiert werden kann. Der Unterschied zwischen der unverrauschten und den verrauschten Zeitreihen hinsichtlich der Zeitverzögerungen ist bei RNN und FFNN offensichtlich ähnlich: Bei beiden Modellen ergibt sich für verrauschte Daten die Tendenz zu größeren Zeitverzögerungen. Die Prädiktion der Lorenz Zeitreihe verläuft offenbar gut mit kurzen impliziten Einbettungen, wohingegen die Vorhersage der Laser Zeitreihe eine längere implizite Einbettung bevorzugt.

Der erreichte Prädiktionsfehler verdeutlicht außerdem für beide Zeitreihen, daß das RNN über die mit den anderen Modellen bestmögliche Prädiktion mit $d_E = 2$ hinauskommt. Das ist ein Beleg dafür, daß mit dieser Modellklasse und dem Lernen auch eine adäquate Einbettungsdimension gefunden

		Lorenz		Laser
		$T = 5$	$T = 1$	$T = 5$
		1-6-1 RNN	1-4-1 RNN	1-6-1 RNN
SNR=∞ dB	$< d_{\text{total}} >$	2.5	2.0	4.3
SNR=30 dB	$< d_{\text{total}} >$	2.5	3.6	x
SNR=25 dB	$< d_{\text{total}} >$	2.5	3.5	x
SNR=20 dB	$< d_{\text{total}} >$	2.8	3.8	x

Tabelle 3.1: Implizite Einbettung für verschiedene Prädiktionsaufgaben und Rauschlevel, jeweils über 50 Lernläufe. Die maximale implizite Einbettung der verdeckten Neuronen des RNN nach dem Lernen heißt d_{total}. Angegeben ist der Mittelwert von d_{total} über die 50 Läufe. (Die Laser Zeitreihe wurde nicht zusätzlich verrauscht.)

werden kann.

In diesem Kapitel sind die Einbettungseigenschaften der Modelle Gegenstand der Untersuchungen. Dennoch bietet sich Dank der Experimente die Möglichkeit, die Modelle zumindest grob bezüglich der Prädiktionsgüte zu vergleichen. Für einen vollständigen Vergleich müßten mehr Aufgaben behandelt und mehr Gütekriterien ausgewertet werden. In Tabelle 3.2 sind für die Netze jeweils das Minimum und der Median über die Fehlerauswertungen angegeben, sowie der Prädiktionsfehler des LLM (für FFNN und LLM jeweils bei der besten Einbettung): Man sieht, daß die RNN sehr gut abschneiden. Die erreichten minimalen Fehler sind für alle Aufgabenstellungen besser als mit den anderen Modellen, übrigens auch für die Laserzeitreihe. Hinzu kommt, daß der Aufwand für die FFNN und das LLM sehr viel größer ist, denn die beste Einbettung ergibt sich erst durch ein systematisches Absuchen der (τ_1, τ_2) Kombinationen. D. h. das RNN findet eine geeignete Einbettung, mit der ein gute Prädiktion möglich ist.

Diese Eigenschaften mögen erstaunlich wirken, wenn man bedenkt, daß die hier verwendeten RNN nur eine Gedächtnisschicht des letzten Zeitschrittes haben. Die Voraussetzungen, die Netzstruktur, Lernverfahren und Daten erfüllen müssen, damit diese Eigenschaften der RNN auftreten, werden nur schwer theoretisch einzugrenzen sein. Im Hinblick darauf, daß es keine theoretisch fundierten und praktisch einsetzbaren Alternativen aus dem nichtlinearen Bereich gibt, und Güte- sowie Analysekriterien für RNN formuliert werden können, sollte man RNN als eine sinnvolle Ergänzung den Standard-

$T = 1$		LLM	FFNN		RNN
			3-2-1	3-4-1	1-4-1
SNR=∞dB	Min	6.15e-05	2.75e-05	3.75e-05	7.60e-06
	Med		4.80e-05	4.79e-05	2.13e-05
SNR=30dB	Min	3.81e-04	3.70e-04	3.71e-04	3.55e-04
	Med		3.83e-04	3.83e-04	4.28e-04
SNR=25dB	Min	x	8.61e-04	8.72e-04	8.60e-04
	Med		9.06e-04	9.01e-03	9.54e-04
SNR=20dB	Min	3.10e-03	2.19e-03	2.17e-03	1.87e-03
	Med		2.25e-03	2.21e-03	2.26e-03
$T = 5$		LLM	FFNN		RNN
			3-2-1	3-4-1	1-6-1
SNR=∞dB	Min	1.26e-03	3.76e-03	1.09e-03	4.63e-04
	Med		4.14e-03	1.22e-03	1.94e-03
SNR=30dB	Min	2.10e-03	6.32e-03	2.26e-03	1.32e-03
	Med		6.58e-03	2.36e-03	2.74e-03
SNR=25dB	Min	x	8.49e-03	4.17e-03	2.43e-03
	Med		8.61e-03	4.32e-03	3.89e-03
SNR=20dB	Min	8.88e-03	1.31e-02	8.72e-03	6.90e-03
	Med		1.34e-02	8.95e-03	7.75e-03

Tabelle 3.2: Vergleich der Modelle bezüglich des quadratischen Fehlers für die Prädiktion der x-Koordinate des Lorenzattraktors. Für die FFNN ist der beste minimale Fehler und der beste Median der Netzauswertungen über alle Einbettungen angegeben. Für das RNN sind minimaler Fehler und Median der Fehler über 50 Netzauswertungen ausgewertet. Zusätzlich ist das Ergebnis des LLM gezeigt. Obere Tabelle: Einschrittprädiktion, untere Tabelle: Fünfschrittprädiktion.

verfahren zuordnen.

Das Kapitel hat darüberhinaus gezeigt, daß die gebräuchlichen Standardverfahren ihrem eigenen Anspruch nicht gerecht werden. Das bezieht sich einerseits auf die Methoden aus der nichtlinearen Dynamik. Aber auch die Verfahren aus der nichtlinearen Statistik sind bei den Fragestellungen nicht hilfreicher (Cheng und Tong 1992).

3.5 Modellierung chaotischer Systeme

Neben der Prädiktion kann die Modellierung der Signalquelle Ziel sein. Das bedeutet, daß das gelernte Modell Charakteristika des Signals widergibt und nicht nur das Kurzzeitverhalten approximiert.

Um die Systemeigenschaften eines Prädiktionsmodells zu erfassen, kann es autonom betrieben werden, d. h. die Ausgabe $\hat{x}(t+1)$ ist die nächste Eingabe $x(t+1)$; damit stellt es ein unabhängiges dynamisches System dar, dessen Merkmale aus der Dynamik bestimmt werden können. Faßt man für ein RNN mit einer Gedächtnisschicht die Ausgaben der zurückkoppelnden Knoten und des Ausgangsknotens zum Vektor $\mathbf{y}(t) \in \mathbb{R}^m$ zusammen, so erhält man durch das Netz ein iteratives m-dimensionales dynamisches System:

$$R : \mathbb{R}^m \to \mathbb{R}^m : \quad \mathbf{y}(t+1) = R(\mathbf{y}(t)) \quad .$$

Eine Übereinstimmung der Systemeigenschaften des RNN und der Zeitreihe, wie z. B. der Leistungsspektren, belegt keine vollständige Identifikation der Signalquelle; ein kleiner Prädiktionsfehler garantiert das ebenso wenig.

Chaotische Systeme kann man prinzipiell nicht über lange Zeiten vorhersagen (Buzug 1994), Langzeitvorhersage ist deswegen kein geeignetes Maß der Systemidentifikation; in der nichtlinearen Dynamik sind daher andere Maße zur Charakterisierung chaotischer Systeme eingeführt worden (Peinke, Parisi, Rössler, und Stoop 1992). Am bekanntesten ist vielleicht das Spektrum der Liapunov Exponenten λ_i. Anschaulich beschreiben sie, wie sich Punkte auf einer infinitesimal kleinen Kugeloberfläche durch den Fluß des dynamischen Systems auseinanderbewegen; aus der Hypersphäre entwickelt sich ein Ellipsoid. Über die Längen der Hauptachsen, $p_i(t)$, des Ellipsoids können die Liapunovexponenten definiert werden:

$$\lambda_i = \lim_{t \to \infty} \frac{1}{t} \log \frac{p_i(t)}{p_i(t=0)} \quad . \tag{3.10}$$

	Neuronales Netz	Lorenz system
größter Exponent	2.12	2.16
zweiter Exponent	-0.084	0
dritter Exponent	-27.1	-32.4
(4., 5., 6.) Exponent	(-40.3, -97.5, -250)	(–, –, –)

Tabelle 3.3: Liapunov Exponenten des Lorenz Systems und des trainierten RNN (Werte in *bits/sec*).

Andere Definitionen fußen auf den Eigenwerten der Funktionalmatrix entlang der Trajektorien (Jetschke 1989). Vom Prinzip her wird über die Funktionalmatrix ebenfalls die Entwicklung des Abstands zur Trajektorie benachbarter Punkte ermittelt.

Ein m dimensionales System hat m Liapunovexponenten; es heißt chaotisch, wenn sich zwei beliebig nahe Trajektorien über die Zeit exponentiell entfernen, gleichbedeutend mit mindestens einem Liapunovexponenten $\lambda_i > 0$. Da rein zeitversetzte Systemzustände eines kontinuierlichen Systems im Mittel einen konstanten Abstand behalten, gilt für solche Systeme: $\exists\ \lambda_i = 0$. In dieser Arbeit wird für den Fall eines RNN mit mehreren Gedächtnisschichten das Netz iteriert und aus der Zeitreihe des einzigen Ausgangsknotens der größte Liapunovexponent bestimmt. Für den Fall einer Gedächtnisschicht wird das RNN ebenfalls iteriert, aber das Spektrum der Liapunovexponenten aus der Funktionalmatrix $\left(\frac{\partial x_i(t+1)}{\partial x_j(t)}\right) = \left(\frac{\partial R_i}{\partial x_j(t)}\right)$ berechnet (Stagge und Sendhoff 1997). Die Algorithmen für beide Verfahren sind nach (Wolf, Swift, Swinney, und Vastano 1985) angepaßt.

Mit diesem Maß konnte für die Modellierung des Lorenz Systems, siehe Anhang A, gezeigt werden, daß ein RNN mit 5 verdeckten Neuronen und einer Gedächtnisschicht des letzten Zeitschritts, $\tau_1 = 1$, in der Lage ist, einen kleinen Prädiktionsfehler zu erreichen und zudem das System im Sinne der Liapunovexponenten gut zu approximieren, siehe Tabelle 3.3.

Für den Roessler Attraktor, ebenfalls eine 3 dimensionale Differentialgleichung, siehe Anhang A, reichte eine Gedächtnisschicht mit $\tau_1 = 1$ nicht aus. Zwei Schichten mit $\tau_1 = 4$ und $\tau_2 = 9$ erlauben, das System zuverlässig zu modellieren. In diesem Fall ist das partielle Ableiten sehr unhandlich, und der größte Liapunovexponent wurde aus der Zeitreihe des Ausgangsknotens des iterierten RNN bestimmt. Die Entwicklung des größten Liapunovexpo-

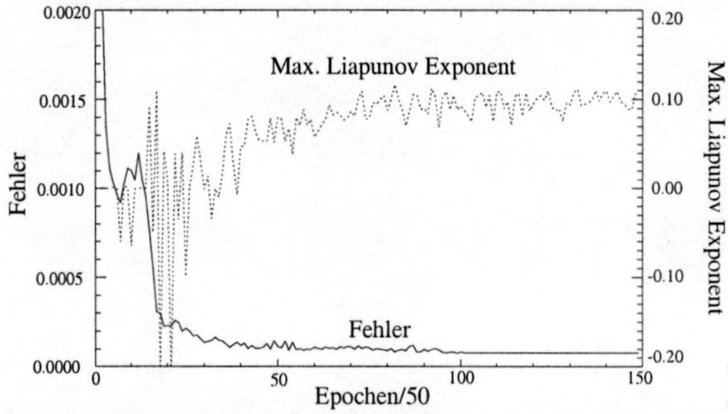

Abbildung 3.10: Lernverlauf für die Prädiktion des Roessler Attraktors. Durchgezogene Linie mit linker Skala: Prädiktionsfehler. Gestrichelte Linie mit rechter Skala: Größter Liapunovexponent.

nenten und des Lernfehlers während des Lernvorgangs sind in Abbildung 3.10 dargestellt. Wie im Lernverlauf die Identifizierung des Systems und die Minimierung des Fehlers einhergehen, ist in Abbildung 3.11 gezeigt: einerseits ist die Lernkurve wiedergegeben, andererseits zeigen die Insets die aus den Zeitreihen $x(t)$ des iterierten Systems rekonstruierten Attraktoren (Rekonstruktion: $\mathbf{s}(t) = (x(t), x(t-1), x(t-2))$). Rechts unten ist die Rekonstruktion aus der tatsächliche Zeitreihe des Roesslersystems wiedergegeben.

Nicht nur die Prädiktionsexperimente belegen, daß RNN während des Lernvorgangs eine gute Rekonstruktion erreichen können. Die Beispiele zur Modellierung zeigen, daß dynamische Systeme, die in Form von Differentialgleichungen formuliert sind, auch durch rückgekoppelte neuronale Netze repräsentiert werden können. Diese Eigenschaft wurde auch schon für FFNN gezeigt (Kuo und Principe 1994), allerdings ist für solche Netze die Einbettung durch die Aufbereitung der Eingangsdaten im Rahmen der Vorverarbeitung durchgeführt und nicht Bestandteil des Adaptationsprozesses.

Damit ist die Rekonstruktionseigenschaft der rückgekoppelten neuronalen Netze solide belegt; eine weiterführende, systematische Untersuchung der Modellierungseigenschaften ist für die Strukturoptimierung nicht nötig.

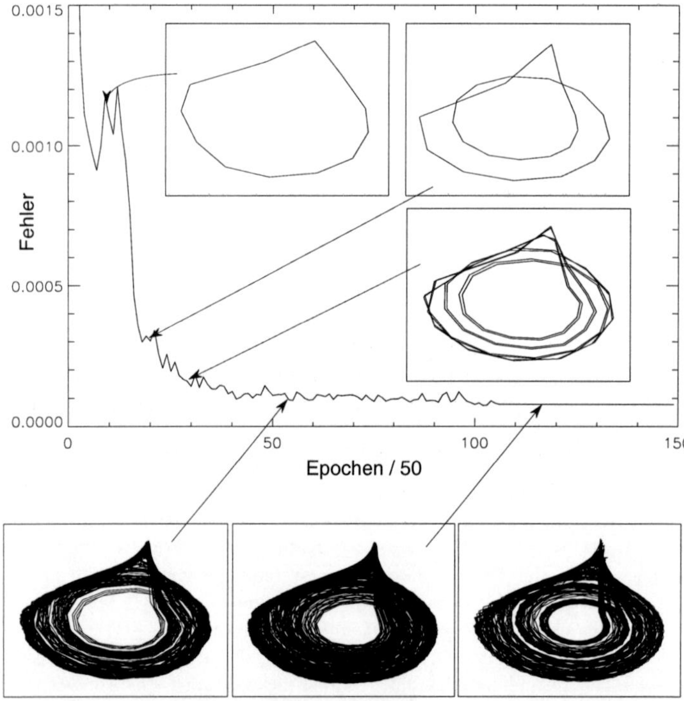

Abbildung 3.11: Lernkurve und Attraktorrekonstruktionen aus den iterierten Netzen im Vergleich zur Rekonstruktion aus den Originaldaten der x Koordinate des Roesslerattraktors.

Kapitel 4

Evolution von Strukturen

Die Beschränkung auf Standardstrukturen neuronaler Netze, auch in der Anwendung, reflektiert nicht etwa tieferes Verständnis, sondern erstens den Mangel eines Konstruktionsverfahrens für problemangepaßte Netze und zweitens die Eigenschaft der Modellklasse, viele Probleme mit einer vollverbundenen verdeckten Schicht und einer grob angepaßten Neuronenzahl hinreichend zu lösen. Eine Verbesserung gegenüber herkömmlichen Methoden berechtigt bereits den Einsatz von Standardstrukturen.

Die evolutionäre Optimierung der Verbindungsstruktur neuronaler Netze ist Gegenstand dieses Kapitels[1]. Vorab werden dazu die Abhängigkeiten der Netzeigenschaften von der Netzstruktur konkretisiert. Das etablierte Gebiet der Evolutionären Algorithmen (EA) wird dann soweit erläutert, wie es zum Verständnis der SONN nötig ist. Das Anwendungsgebiet der SONN erfordert es, eine allgemeine Problemstellung evolutionärer Algorithmen zu behandeln: den Umgang mit verrauschten Fitnessfunktionen. Hier hängt die Fitness eines Netzes vom Lernergebnis ab, welches mit der Zufallsinitialisierung der Gewichte variiert. Für die Handhabung des Problems wird eine neue Methode eingeführt (Stagge 1998). Systematisch soll außerdem an einem Modell der Zusammenhang zwischen Rauschen und Selektion für die evolutionäre Optimierung dargestellt werden. Ebenfalls von allgemeinem Belang für SO Probleme ist eine Untersuchung der Codierung der Struktur. Die direkte Repräsentation einer Netzstruktur über eine Auflistung aller Verbindungen zwischen den Neuronen, z. B. in Form einer Verbindungsmatrix, ist wohl die gängigste Codierung. Entgegen der scheinbaren Trivialität, erweist

[1] Abkürzend SO für Strukturoptimierung, SONN für Strukturoptimierung neuronaler Netze und SORNN für die rückgekoppelter neuronaler Netze.

sich diese direkte Codierung als problematisch auf Grund von Isomorphien. Diese Eigenschaften werden untersucht und zur Modifizierung einer Codierung umgesetzt (Stagge und Igel 2000b). Abschließend werden die Methoden auf SORNN angewandt.

4.1 Strukturtabhängige Netzeigenschaften

Die Klasse der betrachteten neuronalen Netze hat die Aufgabe, mittels eines Lernalgorithmus aus gegebenen Datenpaaren eine Funktion zu lernen. Diese Funktion soll nicht allein die Datenpunkte repräsentieren, sondern den funktionellen Zusammenhang erfassen, um damit auf neue Eingangsdaten zu generalisieren. SONN ist die Optimierung dieser drei Eigenschaften: Repräsentationsfähigkeit, Lernfähigkeit und Generalisierungsfähigkeit. Im Folgenden werden Einflüsse der Struktur auf die letzten beiden Teilaspekte spezifiziert.

Über den genauen Zusammenhang zwischen Netztopologie und den damit repräsentierbaren Funktionen ist nur wenig bekannt, siehe Abschnitt 2.4.

4.1.1 Generalisierung

Zur Abhängigkeit zwischen Struktur und Generalisierungsfähigkeit gibt es folgende Überlegungen aus der Statistik: Beim Netztraining wird der Fehler bezüglich des Trainingsdatensatzes D minimiert, es ergibt sich die Funktion $\mathbf{y} = f(\mathbf{x}; D)$. Das eigentliche Ziel ist es aber, daß das Netz neue Daten, die aus derselben Verteilung gezogen werden wie der Trainingsdatensatz, richtig repräsentiert, gemäß der Zielfunktion $\mathbf{y} = h(\mathbf{x})$. Mitteln über die Funktionen, die sich beim Trainieren auf den möglichen Datensätzen ergeben, führt auf:

$$\bar{f}(\mathbf{x}) = E_D\{f(\mathbf{x}; D)\} \quad .$$

Der Fehler, der sich für ein beliebiges $\mathbf{x}$ im Mittel über alle Funktionen $f(\mathbf{x}; D)$ ergibt, kann nach (Geman et al. 1992) in zwei Anteile zerlegt werden (im Falle des mittleren quadratischen Fehlers):

$$E_D\left\{[f(\mathbf{x}; D) - h(\mathbf{x})]^2\right\} = [\bar{f}(\mathbf{x}) - h(\mathbf{x})]^2 + E_D\left\{[f(\mathbf{x}; D) - \bar{f}(\mathbf{x})]^2\right\} \quad .$$

Den ersten Summand bezeichnet man als Bias Term, den zweiten als Varianz Term. Der erste Term deutet an, daß die gelernten Funktionen im Mittel systematisch falsch sind, z. B. weil ein kleines Netz eine komplizierte Funktion nicht lernen kann. Der Varianz Term beinhaltet die Schwankung der gelernten Funktion in Abhängigkeit vom Datensatz. Ein sehr großes Netz vermag vielleicht alle Trainingsdaten auswendig zu lernen, dann ist aber der Varianzanteil am erwarteten Fehler groß, weil zwar die zum Lernen präsentierten Daten richtig wiedergegeben werden können, aber auf neue Daten nicht gut generalisiert wird.

Dieses „Bias-Varianz Dilemma“ ist die mathematische Formalisierung des Problems, daß einerseits eine unzureichende Modellstruktur den funktionalen Zusammenhang nicht erfassen kann, andererseits bei einer zu mächtigen Struktur eine Überanpassung an die Daten geschehen kann. Einen ausführlichen Einblick in die statistische Theorie des Lernens gibt Vapnik (1995, 1998). Im Hinblick auf das „Bias-Varianz Dilemma“ muß die Modellstruktur entsprechend der Aufgabenstellung angepaßt werden. Gängige Verfahren sind hierbei, über Zusatzterme in der Fehlerfunktion die Gewichte, und damit die Modellvielfalt, zu beschränken (Wu und Moody 1996), das Netzlernen vorzeitig zu beenden (Prechelt 1998) („early stopping“), mit verrauschten Daten zu trainieren (Bishop 1995a) oder das neuronale Netz zu vergrößern oder zu verkleinern (Bishop 1995a). Der Zusammenhang der verschiedenen Methoden ist in (Bishop 1995a) diskutiert. Das Hinzufügen von Termen zur Fehlerfunktion wird als Regularisierung bezeichnet; es ist eine Standardmethode der Statistik und kann unter gewissen Annahmen im Rahmen der Bayes Theorie (MacKay 1995; Ripley 1996) als Vorwissen über die Verteilung der Gewichte formalisiert werden.

Die Methode, um festzustellen, ob eine Modellstruktur die Trainingsdaten auswendig lernt, ist die Kreuzvalidierung (Ripley 1996): Neben dem Trainingsfehler wird dabei auf einem unabhängigen Validierungsdatensatz der Fehler erhoben, und wenn der im Verlauf des Lernens wieder ansteigt, beginnt das Modell, sich auf die Trainingsdaten zu spezialisieren. Eine Schätzung für die tatsächliche Güte ergibt letztlich der Fehler auf einem zuvor nicht einbezogenen Testdatensatz (Generalisierungsfehler). Einen guten Überblick über diese Methode im Zusammenhang mit der Architektur vorwärtsgekoppelter neuronaler Netze gibt (Moody 1994).

Die Optimierung der Netzstruktur kann also als Verfahren zur Bestimmung der Netzkomplexität aufgefaßt werden. Eigene Experimente haben ergeben, daß eine Netzstruktur evolutionär an ein Problem angepaßt werden kann (Stagge und Igel 2000b) und evolutionäre Strukturoptimierung somit geeignet ist, die Modellkomplexität richtig zu bestimmen.

4.1.2 Lerneigenschaften

Die Frage des Einflusses der Netzstruktur auf die Lerneigenschaften wird in Arbeiten zur Strukturoptimierung und beim Aufstellen modifizierter Lernalgorithmen kaum behandelt (Saarinen et al. 1993; van der Smagt et al. 1998). Die gradientenbasierten Lernalgorithmen werden innerhalb der Theorie linearer und nichtlinearer Programmierung untersucht (Luenberger 1973). Diese Theorie macht Aussagen unter der Annahme, daß sich die zu optimierende Funktion in einer Taylorreihe entwickeln läßt und die Aussagen bezüglich Konvergenz gelten innerhalb einer Umgebung, um ein lokales Optimum, in der ein Abbruch der Reihe nach der zweiten Ordnung gerechtfertigt ist. Es wird dann angenommen, daß die Hesse Matrix in der Umgebung des Optimums definit ist. Unter diesen Voraussetzungen lassen sich Aussagen bezüglich der Konvergenzgeschwindigkeit machen, hier nach Bishop (1995b), wobei die Konditionierung der Hesse Matrix am Optimum, das ist der Quotient aus kleinstem und größtem Eigenwert, die Konvergenzgeschwindigkeit maßgeblich bestimmt. Sei $E(\mathbf{w})$ der Fehler in Abhängigkeit der Gewichte, dann ergibt sich der Fehler um ein Optimum $\mathbf{w}^*$ zu:

$$E(\mathbf{w}) \approx E(\mathbf{w}^*) + \frac{1}{2}(\mathbf{w} - \mathbf{w}^*)^t \mathbf{H}(\mathbf{w} - \mathbf{w}^*) \tag{4.1}$$

Durch eine Koordinatentransformation wird die Hessematrix diagonal, und die normalisierten Eigenvektoren θ_{i} zu den Eigenwerten λ_i der Hessematrix sind die Basisvektoren des neuen Koordinatensystems (Fischer 1989). In diesem Koordinatensystem ist:

$$(\mathbf{w} - \mathbf{w}^*) = \sum_i \alpha_i \theta_{\mathrm{i}} \quad ,$$

und es gilt:

$$E(\mathbf{w}) = E(\mathbf{w}^*) + \frac{1}{2}\sum_i \lambda_i \alpha_i^2 \quad . \tag{4.2}$$

Der Gradient der Fehlerfunktion ist dann:

$$\frac{\partial E}{\partial \mathbf{w}} = \mathbf{H}(\mathbf{w} - \mathbf{w}^*) = \mathbf{H}\sum_i \alpha_i \theta_{\mathrm{i}} = \sum_i \lambda_i \alpha_i \theta_i \quad . \tag{4.3}$$

Da eine Gewichtsveränderung mit Lernrate η entlang des negativen Gradienten eingestellt wird, d. h.

$$\mathbf{w}' = \mathbf{w} - \eta \frac{\partial E}{\partial \mathbf{w}} \quad , \tag{4.4}$$

ergibt sich:

$$\mathbf{w}' - \mathbf{w}^* = \mathbf{w} - \eta \frac{\partial E}{\partial \mathbf{w}} - \mathbf{w}^* = \sum_i (1 - \eta\lambda_i)\alpha_i\theta_i \quad . \tag{4.5}$$

Damit die Konvergenz zum Zielvektor gewahrt bleibt, muß gelten: $\|\mathbf{w}' - \mathbf{w}^*\| < \|\mathbf{w} - \mathbf{w}^*\|$, d. h. $\|(1 - \eta\lambda_i)\| < 1 \;\; \forall i$. Daher ist die Schrittweite limitiert auf $\eta < 2/\lambda_{\max}$, was in Gleichung 4.5 zu einem Faktor von $(1 - \frac{2\lambda_{\min}}{\lambda_{\max}})$ für die Konvergenz des Algorithmus führt. Die Konditionierung, $\kappa = \frac{\lambda_{\min}}{\lambda_{\max}}$, charakterisiert auch für Adaptationsalgorithmen mit einzelnen Schrittweiten der Gewichte den Schwierigkeitsgrad bei der Optimierung.

Zur Untersuchung der Abhängigkeit der Hesse Matrix von der Struktur, ist nach (Saarinen, Bramley, und Cybenko 1993) folgende Approximation in Gleichung 4.7 möglich (Die Gewichte $\mathbf{w}$ seien durch einen Index zu $w_1, \ldots, w_N$ numeriert):

$$E(\mathbf{w}) = \frac{1}{T} \sum_{t=1}^{T} e(t)^2 = \frac{1}{T} \sum_{t=1}^{T} e_t^2 \quad .$$

Dann ist:

$$\frac{\partial E}{\partial w_i} = \frac{2}{T} \sum_{t=1}^{T} e_t \cdot \frac{\partial e_t}{\partial w_i} \quad ,$$

und

$$\frac{\partial^2 E}{\partial w_i \partial w_j} = \frac{2}{T} \sum_{t=1}^{T} \frac{\partial e_t}{\partial w_i} \frac{\partial e_t}{\partial w_j} + e_t \cdot \frac{\partial^2 e_t}{\partial w_i \partial w_j} \tag{4.6}$$

$$\approx \frac{2}{T} (J^t J)_{ij} \quad \text{, wobei } J_{ti} = \left(\frac{\partial e_t}{\partial w_i} \right) \quad . \tag{4.7}$$

Sind Spalten in der Jakobi Matrix J kolinear, dann hat H nicht vollen Rang und ist singulär; numerisch ist das unwahrscheinlich. Praktisch kommt es vor,

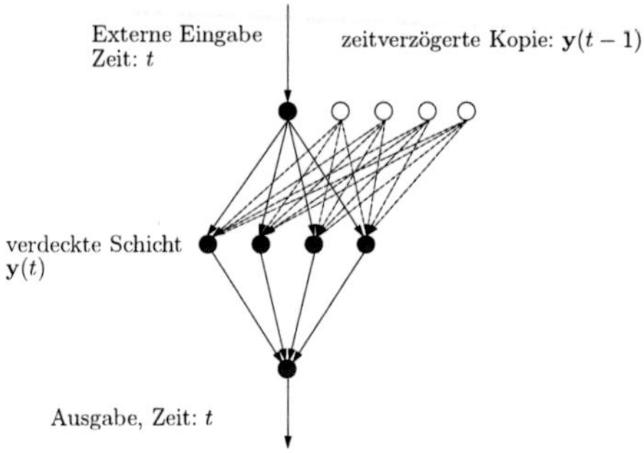

Abbildung 4.1: Elman Standardstruktur mit einem Ein- und Ausgang und vier verdeckten Neuronen.

daß die Korrelation zweier Spalten nahezu 1 oder -1 ist, die Hesse Matrix ist dann schlecht konditioniert. Die genaue Untersuchung der Auswirkungen schlechter Konditionierung ist Gegenstand klassischer Optimierungstheorie, (Luenberger 1973).

Anschaulich bedeutet die lineare Abhängigkeit zweier Spalten, daß Netzfehler und Ausgabe auf die Veränderung von zwei Gewichten w_i und w_k gleich reagiert. Für die beiden Gewichte könnte eine lineare Transformation durchgeführt werden, $v_1 = (w_i - w_k)$ und $v_2 = (w_i + w_k)$, so daß sich

$$\frac{\partial e_t}{\partial v_1} = 2 \cdot \frac{\partial e_t}{\partial w_i} \quad \text{und} \quad \frac{\partial e_t}{\partial v_2} = 0$$

ergibt. Eine Richtung in der Fitnesslandschaft ist also flach, die Darstellung der Funktion durch das Netz ist redundant. Für eine symmetrisch aufgebaute Standardstruktur, vgl. Abb. 4.1, ergeben sich folgende Fälle in denen Gradienten bezüglich Paaren von Gewichten annähernd gleich sind, siehe (Saarinen, Bramley, und Cybenko 1993; Pedersen 1997) für FFNN:

- Gewichte, die zu einem Neuron führen, das in der Sättigung ist, d. h. die Neuronenausgabe ist aufgrund zu großer Gewichte und der sigmoidalen Aktivierungsfunktion konstant, solche Gewichte sind redundant.
- Sind die Aktivitäten zweier verdeckter Neurone proportional zueinander, so sind Verbindungen, die von diesen beiden Neuronen zu einen

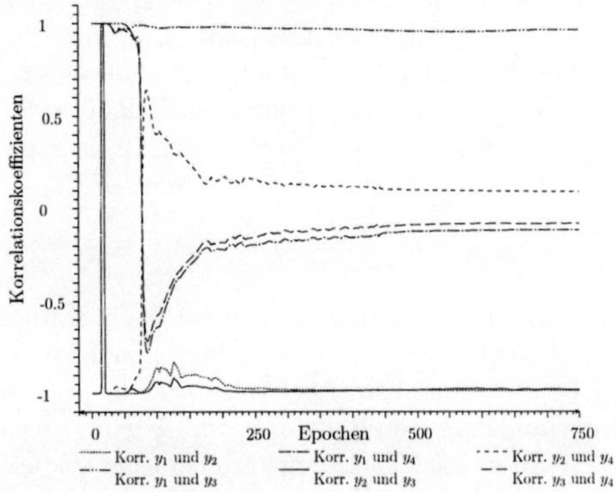

Abbildung 4.2: Korrelationskoeffizienten der Aktivitätsvektoren der verdeckten Neurone eines 1-4-1 Elman Netzes, wie sie sich während des Lernens entwickeln.

Knoten gehen redundant; die Gewichte haben kolineare Spalten in der Jakobi Matrix.

Beide Bedingungen können auftreten, die erste ist bekannt unter vorzeitiger Sättigung, die zweite hat mit der Symmetrie der Grundstruktur zu tun: die verdeckten Neurone sind bei der Initialisierung mit kleinen Gewichten gleichbedeutend.

Für ein Beispiel eines Netzes, wie in Abb. 4.1, sind die Korrelationskoeffizienten der Aktivitäten der 4 verdeckten Knoten in Abb. 4.2 gezeigt. Die Aufgabe war die Prädiktion der x Koordinate der Lorenz Zeitreihe, siehe Anhang A. Die Trainingssequenz hat 750 Datenpunkte, trainiert wurde 750 Epochen mit Rprop und BPTT. Die Korrelationskoeffizienten von fast 1 oder -1 zeigen, daß die Aktivitäten einiger Knoten nahezu linear abhängig sind.

4.2 Evolutionäre Algorithmen

Evolutionäre Algorithmen (EA) sind stochastische, direkte Optimierungsverfahren, deren Grundprinzipien der Biologie entlehnt sind. Wesentlich ist, daß eine Population von Individuen Lösungen einer Aufgabe repräsentieren. Die Individuen werden über die Güte (=Fitness) ihrer Lösungen bewertet. Diese Bewertung erlaubt die Selektion „guter“ Individuen, aus denen eine neue Population mittels Rekombination und Mutation aufgebaut wird. EA sind gut in Büchern dokumentiert (Bäck 1996; Rechenberg 1994; Koza 1992). Nach (Bäck 1996) lassen sie sich als 8 Tupel formalisieren:

$$\mathrm{EA} = (I, f, \Omega, s, \Psi, e, \mu, \lambda) \quad ,$$

wobei I der Raum der Individuen ist, $f : I \rightarrow I\!R$ die Fitnessfunktion, Ω die probabilistischen Suchoperatoren wie Crossover und Mutation und ihre Parametrisierung beinhaltet und s der Selektionsoperator ist. Der Selektionsoperator wirkt auf eine Menge von Individuen und generiert die Eltern für die nächste Generation. Eltern und Nachkommengeneration können verschiedene Größen haben, hier μ und λ. Ein Kriterium zur Terminierung des Algorithmus, z. B. über die erreichte Fitness, ist durch e gegeben. Ψ beschreibt den Übergang von der Population $P(t)$ zu $P(t{+}1)$: $P(t{+}1) = \Psi P(t)$. Er ist durch die Komposition von Suchoperatoren und anschließender Selektion gegeben. Der Ablauf eines EA ergibt sich schematisch zu:

1. Initialisierung von $P(t = 0)$
2. Auswerten von $P(t = 0)$
3. Schleife:

   Solange das Abbruchkriterium nicht erfüllt ist:
   $P(t + 1) = \Psi P(t)$.

Es gibt vier Strömungen evolutionärer Algorithmen, die sich hinsichtlich der Struktur der Individuen, der Suchoperatoren und des Selektionsverfahrens unterscheiden: Evolutionsstrategien (ES), genetische Algorithmen (GA), evolutionäres Programmieren (EP) und genetisches Programmieren (GP). Da deren Konzepte zusehends mischen, ist eine genaue Trennung nicht nötig.

Allerdings sind mit GA und ES andere Grundvorstellungen bezüglich des Optimierungsverlaufs verbunden. Diese Grundvorstellung haben Modellcharakter; theoretisch gesichert sind sie für exemplarische Optimierungsaufgaben, wie dem „Einsenzählproblem“[2] oder dem Auffinden des Minimums einer quadratischen Funktion. Bezüglich dieser und ähnlicher Aufgaben gibt

[2]Die Fitness eines Bitstrings ist für das Einsenzählproblem gleich der Anzahl an '1' im String.

es viele bewiesene Resultate, die Konvergenzraten, optimale Operatoren, Selektionsverfahren oder Populationsgrößen diskutieren (Beyer 1993; Rudolph 1994; Ostermeier, Gawelczyk, und Hansen 1995). Die konkreten Ergebnisse lassen sich dabei selten direkt auf ein praktisch relevantes Anwendungsgebiet übertragen. Daher ist es wichtig, Grundvorstellungen über den Ablauf einer erfolgreichen evolutionären Optimierung zu abstrahieren und für das konkrete Problem umzusetzen. Häufig sind Eigenschaften des Optimierungsproblems bekannt, z. B. ob es viele lokale Extrema gibt, wie die Topologie der Fitnesslandschaft in der Umgebung guter Lösungen aussehen könnte oder ob es Bereiche in der Fitnesslandschaft gibt, die durch Unstetigkeiten voneinander getrennt und faktisch unerreichbar sind.

Für die vorliegende Arbeit ist meines Erachtens die Betrachtungsweise relevant, die sich im Rahmen der Evolutionsstrategien ergibt, siehe Rechenberg (1994). ES leben davon, daß der Genotypraum $\mathcal{G}$ eine Teilmenge des $\mathbb{R}^m$ ist. Jedes Individuum $\mathbf{g} \in \mathcal{G}$ enthält einen Teilvektor Objektvariablen $\mathbf{x} \in \mathbb{R}^n$, der Rest sind Strategieparameter $\mathbf{y} \in \mathbb{R}^{m-n}$. Die Fitness des Individuums ist auf den Objektvariablen definiert, und ist typischerweise das Auffinden eines Extremums einer reellwertigen Funktion: $f : \mathbb{R}^n \to \mathbb{R}$, z. B. die Gewichtsapproximation zur Minimierung eines Netzfehlers.

Wesentlich ist nun, daß es für eine stetige Funktion f möglich ist, den Betrag der Fitnessänderungen zu kontrollieren: eine sehr kleine Variation der Objektvariablen führt zu einer kleinen Änderung der Fitness eine große Variation zu einer großen Veränderung der Fitness. Mit dem Betrag der Fitnessänderung geht gleichzeitig die Häufigkeit einher, eine Verbesserung zu finden: Bei sehr kleinen Änderungen sind anteilig viele Verbesserungen möglich, da auf sehr kleiner Skala die Fitnesslandschaft annähernd linear ist. Dahingegen gibt es für größere Veränderungen der Fitness meist nur Verschlechterungen. Eine zu kleine Schrittweite führt also zu einer kontinuierlichen Verbesserung, aber der Fortschritt kann sehr gering sein. Eine zu große Schrittweite ist auch nicht erfolgreich, weil die meisten Variationen zu Mißerfolgen führen. Den Bereich der angepaßten Schrittweite bezeichnet Rechenberg als das Evolutionsfenster.

Das Anpassen der Schrittweiten ist in $\mathbb{R}$ beliebig möglich, dies wird durch ein Anpassen des in der ES wesentlichen Mutationsoperators erreicht:

$$x_i^{\text{neu}} = x_i^{\text{alt}} + \xi \cdot \sigma_i \quad ,$$

wobei $\xi \sim \mathcal{N}(0, 1)$ und σ_i ein Strategieparameter ist.

Eine Folge sukzessiver, in der Größe angepaßter Veränderungen führt über die Generationen schließlich zu einer guten Lösung. Die Voraussetzung dafür, nämlich daß kleine Variationen kleine Veränderungen hervorrufen, bezeichnet man als „starke Kausalität".

Die für die Weite der Mutation verantwortlichen Strategieparameter können mit evolviert werden. Diese sogenannte Selbstadaptation kann sich auf eine Schrittweite für alle Objektvariablen, auf eine pro Objektvariable oder sogar auf eine Kovarianzmatrix zwischen den Objektvariablen beziehen und ist ein wesentlicher Bestandteil der ES, siehe (Ostermeier, Gawelczyk, und Hansen 1995). Eine solche Strategie mit Standardparametrisierung, 2 Eltern und 12 Nachkommen wurde in Abschnitt 2.5 zum Trainieren der RNN benutzt.

4.3 Evolution bei verrauschter Fitness

Für die Strukturoptimierng neuronaler Netze ergibt sich die Fitness aus dem Lernergebnis des Netzes. Das ist eine Zufallsvariable, denn es hängt von der stochastischen Initialisierung der Gewichte ab. Bei anderen angewandten Optimierungsproblemen ist die Bestimmung der Güte durch Meßfehler oder Simulationsapproximationen ebenfalls mit Rauschen behaftet (Greiner 1996). Rauschen erschwert für gradientenbasierte Optimierungsverfahren die Schätzung des Gradienten aus den Daten; EA erweisen sich als robust für verrauschte Fitnessfunktionen (Rana, Whitley, und Cogswell 1996; Nissen und Propach 1998). Dennoch gibt es dazu nur sehr wenige systematische Arbeiten (Beyer 1999; Miller und Goldberg 1997). In diesem Abschnitt soll der Effekt des Rauschens diskutiert werden, ein Verfahren zur effizienten Durchführung von Fitnessauswertungen eingeführt werden (Stagge 1998) und der Zusammenhang zwischen Fitnessverteilung und Selektion an einem Modell betrachtet werden.

4.3.1 Auswirkungen des Rauschens

An einem einfachen Modell einer evolutionären Optimierung lassen sich die wesentlichen Effekte des Rauschens diskutieren: Ziel ist die Maximierung der Fitness Q. Gegeben sei ein Elternindividuum mit Fitness Q_{E}. Für die Fitness des Nachkommens, Q_N, gelte:

$$Q_\mathrm{N} = \begin{cases} Q_\mathrm{E} + \triangle Q & \text{mit Wahrscheinlichkeit} \quad p \\ Q_\mathrm{E} - \triangle Q & \text{mit Wahrscheinlichkeit} \quad (1-p) \end{cases} \quad , \quad \triangle Q > 0 \ .$$

Aus Elter und Nachkomme wird der Elter der nächsten Generation selektiert. In Termini der evolutionären Algorithmen handelt es sich um einen (1^+1) EA. Die Fitnesswerte für die Selektion sind verrauscht mit: $\tilde{Q} = Q + \delta$, δ ist der Rauschanteil. Dann ist

$$p^+ = P\{\tilde{Q}_\mathrm{N} > \tilde{Q}_\mathrm{E} \mid Q_\mathrm{N} = Q_\mathrm{E} + \triangle Q\} = P\{\tilde{Q}_\mathrm{N} < \tilde{Q}_\mathrm{E} \mid Q_\mathrm{N} = Q_\mathrm{E} - \triangle Q\} \tag{4.8}$$

die Wahrscheinlichkeit, daß entsprechend der tatsächlichen Fitness selektiert wird. Damit ergibt sich die erwartete Fitnessänderung von einer Generation auf die nächsten zu:

$$\begin{aligned} & E\{Q_\mathrm{E}(t+1) - Q_\mathrm{E}(t)\} = \\ & \quad \triangle Q \cdot P\{Q_\mathrm{E}(t+1) - Q_\mathrm{E}(t) = \triangle Q\} + 0 \cdot P\{Q_\mathrm{E}(t+1) - Q_\mathrm{E}(t) = 0\} - \\ & \quad \triangle Q \cdot P\{Q_\mathrm{E}(t+1) - Q_\mathrm{E}(t) = -\triangle Q\} = \\ & \quad \triangle Q \cdot p^+ \cdot p + 0 \cdot [p^+ \cdot (1-p) + (1-p^+) \cdot p] - \triangle Q \cdot (1-p^+)(1-p) = \\ & \quad \triangle Q \cdot [p^+ - (1-p)] \ . \end{aligned} \tag{4.9}$$

Gleichung 4.9 zeigt:

1. Der zu erwartende Erfolg nimmt ab, wenn p^+, also die Sicherheit der Selektion, abnimmt.

2. Für $p^+ < (1-p)$ nimmt nicht nur die Fortschrittsgeschwindigkeit ab, sondern die Fitness verschlechtert sich.

3. Optima sind Stellen, an denen kein besseres Individuum gefunden werden kann, also $p = 0$. Für solche Stellen nimmt die Fitness ab. Ein Optimum kann also nicht auf Dauer gehalten werden.

In den Größen p und $\triangle Q$ steckt die Topologie der Fitnesslandschaft: p besagt, ob es viele Suchrichtungen gibt, in denen Verbesserungen zu finden sind, und $\triangle Q$ beschreibt die Größe der Fitnessänderungen.

Für mittelwertfreies, normalverteiltes Rauschen mit Varianz σ^2 kann die Abhängigkeit der Wahrscheinlichkeit zur richtigen Selektion p^+ von σ und $\triangle Q$ angegeben werden. Bei den Umformungen wird ausgehend von Gleichung 4.8 einmal substituiert und dann vom Gaußschen Fehlerintegral Gebrauch gemacht, $p(\tilde{Q})$ sind die normalverteilten Wahrscheinlichkeitsdichten der Fitnesswerte:

$$
\begin{aligned}
&p^+(\sigma, \triangle Q) = P\{\tilde{Q}_\mathrm{N} < \tilde{Q}_\mathrm{E} \mid Q_\mathrm{N} = Q_\mathrm{E} - \triangle Q\} = \\
&\int_{-\infty}^{+\infty} \int_{-\infty}^{\tilde{Q}_\mathrm{E}} p(\tilde{Q}_\mathrm{N})\, \mathrm{d}\tilde{Q}_\mathrm{N}\, p(\tilde{Q}_\mathrm{E})\, \mathrm{d}\tilde{Q}_\mathrm{E} = \\
&\left(\frac{1}{\sqrt{2\pi}\sigma}\right)^2 \int_{-\infty}^{+\infty} \int_{-\infty}^{\tilde{Q}_\mathrm{E}} \exp\left\{-\frac{1}{2}\left(\frac{\tilde{Q}_\mathrm{N}}{\sigma}\right)^2\right\} \mathrm{d}\tilde{Q}_\mathrm{N} \times \\
&\qquad\qquad \times \exp\left\{-\frac{1}{2}\left(\frac{\tilde{Q}_\mathrm{E} - \triangle Q}{\sigma}\right)^2\right\} \mathrm{d}\tilde{Q}_\mathrm{E} = \\
&\frac{1}{2\sqrt{2\pi}\sigma} \int_{-\infty}^{+\infty} \left(1 + \Phi\left(\frac{\tilde{Q}_\mathrm{E}}{\sigma}\right)\right) \cdot \exp\left\{-\frac{1}{2}\left(\frac{\tilde{Q}_\mathrm{E} - \triangle Q}{\sigma}\right)^2\right\} \mathrm{d}\tilde{Q}_\mathrm{E} \; .
\end{aligned}
$$

Um den Zusammenhang zu veranschaulichen, ist das Integral numerisch ausgewertet und $p^+(\sigma, \triangle Q)$ in Abhängigkeit des Rauschlevels σ für $\triangle Q = 1$ in Abb. 4.3 gezeigt. Wie zu erwarten, ist die Wahrscheinlichkeit korrekter Selektion bei einem Rauschlevel, der viel größer ist als die Fitnessdifferenz $\triangle Q$, nur unwesentlich größer als 50%, d. h. die Selektion ist blind für die Fitnessunterschiede. Ist das Rauschen klein im Vergleich zur Fitnessdifferenz, so funktioniert die Selektion zuverlässig.

In Beyer (1993) werden ähnliche Zusammenhänge für das Minimieren der Funktion $f(\mathbf{x}) = \sum x_i^2$ diskutiert. Die Resultate sind qualitativ dieselben. Die Abhängigkeit des Evolutionsverlauf von der Größe der Eltern und Nachkommenpopulation wurde hier nicht diskutiert; für Evolutionsstrategien wurde vorgeschlagen, die Anzahl der Eltern gegenüber dem unverrauschten Fall zu erhöhen (Rechenberg 1994; Beyer 1999). Eindeutige Resultate fehlen für diese Fragestellung.

Ein weiterer Aspekt bei verrauschten Fitnessfunktionen betrifft sogenannte elitistische Selektionsverfahren: Bei der Selektion kann die neue Elternpopulation entweder ausschließlich aus der Nachkommenpopulation gebildet

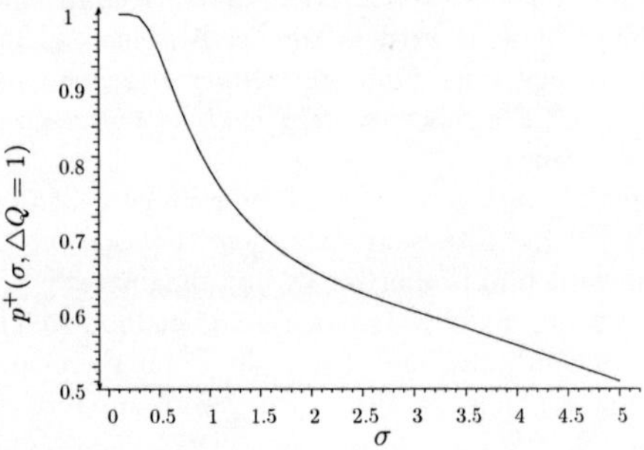

Abbildung 4.3: Wahrscheinlichkeit korrekter Selektion bei verrauschter Fitness in Abhängigkeit der Rauschstärke σ für festes $\triangle Q = 1$.

werden oder aus den Nachkommen und den vorhergehenden Eltern. Den zweiten Fall bezeichnet man als Elitismus. Dabei kann es vorkommen, daß ein Elter nur aufgrund eines geeigneten Rauschwertes einen sehr guten verrauschten Fitnesswert hatte. Wenn solch ein Elter nicht neu ausgewertet wird, könnte er sich unabhängig von seinem tatsächlichen Fitnesswert in der Evolution halten, das hat zwei Effekte:

- Die evolutionäre Suche wird gehemmt oder sie stagniert.
- Der Evolutionsprozess wird stabilisiert, d. h. Lösungen, von denen man annimmt, daß sie gut sind, werden nicht so leicht aufgegeben. Wenn die Wahrscheinlichkeit, einen besseren Nachkommen zu finden, klein ist, p im obigen Beispiel, dann kann die Stabilisierung über einen Elitisten verhindern, in Bereiche schlechter Lösungen zu geraten.

In Abhängigkeit von der Problemstellung kann entweder die Stabilisierung gewünscht sein, oder zur Erhaltung der evolutionären Suche müssen die Eltern neu ausgewertet werden.

4.3.2 Effizientes Mitteln

In Bäck (1996) wird eine „zerklüftete" Funktion mit kleiner Amplitude auf eine sonst „normale" Funktion addiert und als mögliches Modell einer verrauschten Fitnessfunktion ausgegeben. Während bei solch einer Funktion ein Individuum immer dieselbe Fitness hat, ist bei einer verrauschten Fitnessfunktion eine Messung oder Funktionsauswertung nur eine Schätzung der tatsächlichen Fitness. Das macht es möglich, über mehrfaches Auswerten die Schätzung zu verbessern.

Wie im vorigen Abschnitt gezeigt, wird die richtige Selektion durch das Rauschen erschwert, da die Fitnesswerte in den Selektionsprozeß eingehen. Selektionsverfahren werden in proportionale und rangbasierte Verfahren eingeteilt (Bäck 1996; Kreutz, Sievers, Dietrich, und Sendhoff 1997): Proportionale Verfahren weisen den Individuen $x_i \in P$ der Population eine Selektionswahrscheinlichkeit $p_{\text{sel}}(x_i)$ aufgrund ihrer Fitnesswerte im Vergleich zu denen der Population zu, z. B.:

$$p_{\text{sel}}(x_i) = \frac{f(x_i)}{\sum_i f(x_i)} \quad .$$

Rangbasierte Selektionsverfahren verwenden zur Zuordnung von $p_{\text{sel}}(x_i)$ das schwächere Beschreibungsniveau des Rangs der Individuen in der Population gemäß ihrer Fitness; d. h. die Individuen sind so sortiert, daß gilt:

$$\forall x_i, x_j \in P \quad \text{gilt:} \quad i < j \Rightarrow f(x_i) \geq f(x_j) \quad .$$

Bei der (μ, λ) Selektion wird aus der Nachkommenpopulation P_{N} selektiert, $P = P_{\text{N}}$, bei der elitistischen Variante der $(\mu \,^+\lambda)$ Selektion wird die Elternpopulation P_{E} mit einbezogen: $P = P_{\text{N}} \cup P_{\text{E}}$. Die Individuen in P werden entsprechend der Fitness geordnet und dann selektiert:

$$\forall x_i \in P \quad p_{\text{sel}}(x_i) = \begin{cases} 1 & \text{für} \quad i \leq \mu \\ 0 & \text{für} \quad i > \mu \end{cases} \quad .$$

Bei diesem Selektionsverfahren braucht man also nur herauszufinden, welche die μ besten Individuen sind. Dazu kann man die Schätzgenauigkeit durch mehrfaches Auswerten erhöhen. Eine genaue Rangfolge der schlechtesten Individuen ist nicht nötig; sie kommen ohnehin nicht in die nächste Elterngeneration.

Die Frage, ob die Schätzung der Fitness ausreicht, um innerhalb einer gewissen Fehlerrate auszuschließen, daß ein Individuum ein Elter für die nächste Generation ist, kann mit statistischen Testverfahren beantwortet werden (Stagge 1998).

Statistische Tests

Angenommen, das Rauschen für ein Individuum ist additiv und normalverteilt,

$$\tilde{f}(x_i) = f(x_i) + \delta_{\sigma_i} \ , \quad \delta \sim \mathcal{N}(0, \sigma_i^2) \ ,$$

dann läßt sich durch N_i faches Auswerten ein effektives Rauschen von

$$\sigma_{\text{eff}}^{(i)} = \frac{\sigma_i}{\sqrt{N_i}}$$

erreichen (Krickeberg und Ziezold 1995), und die Schätzung der Fitness von Individuum x_i ist:

$$\hat{f}(x_i) = \frac{1}{N_i} \sum_{l=1}^{N_i} \tilde{f}_l(x_i) \ . \tag{4.10}$$

Wenn für zwei Individuen gilt: $\hat{f}(x_i) > \hat{f}(x_j)$, und das Rauschen ist normalverteilt dann kann die Nullhypothese:

$$H_0 : \hat{f}(x_i) - \hat{f}(x_j) \leq 0$$

gegen die Alternative:

$$H_1 : \hat{f}(x_i) - \hat{f}(x_j) > 0$$

getestet werden. Ein einseitiger t-Test zum Signifikanzniveau $\alpha \in [0, 1]$ gibt Auskunft, ob H_0 mit einer Fehlerwahrscheinlichkeit $\leq \alpha$ abgelehnt werden kann. So kann die Rangordnung zwischen x_i und x_j möglicherweise ohne unnötig viele Auswertungen mit Fehlerwahrscheinlichkeit $\leq \alpha$ bestimmt werden. Wenn H_0 nicht abgelehnt werden kann, müssen weitere Messungen, entweder von x_i oder von x_j vorgenommen werden.

Der vorgeschlagene Test basiert auf der Annahme der Gaußverteilung des Rauschens. Kennt man die Rauschquelle, so kann man andere, an die Rauschverteilung angepaßte Tests anwenden. Die Verteilung der Lernergebnisse eines neuronalen Netzes hat z. B. zwei Merkmale: Erstens gibt es einen minimalen Fehler, der nicht unterschritten werden kann und zweitens kann es auch für gute Netze dazu kommen, daß sie bei einer bestimmten Initialisierung sehr schlecht Lernen. Diese Lernergebnisse sind Ausreißer und wirken sich drastisch auf den Mittelwert, Gleichung 4.10, aus. Für die SONN, siehe Kap. 4.5, wird daher der nichtparametrische Mann-Whitney-U-Test (Büning und Trenkler 1994) verwendet werden.

Um die eingeführte Methode des Testens zu validieren, dient $f(\mathbf{x}) = \sum_{i=1}^{n} x_i^2$, $\mathbf{x} \in I\!R^n$ und $\tilde{f}(\mathbf{x}) = f(\mathbf{x}) + \delta_\sigma$ als Testfunktion. Die Dimension des Testproblems ist $n = 10$, die Funktion soll minimiert werden, das Minimum liegt bei $\mathbf{x}^* = 0$. Jede Koordinate wird von einem Bitstring der Länge 10 beschrieben; die Abbildung auf eine ganze Zahl wird gemäß des Gray Codes[3] durchgeführt, der sich als Standard etabliert hat, und die 1024 verschiedenen Werte werden auf das Intervall $[-3; 5]$ abgebildet. Es werden die Standard GA Operatoren benutzt: Mutation durch Bit Flip mit einer Flipwahrscheinlichkeit von $p_{\text{flip}} = 1/(\text{Länge des Bitsrings})$, und Crossover mit einer Wahrscheinlichkeit $p_{\text{cross}} = 0.6$ und 2 Crossover Punkten. Es wird die beschriebene (μ, λ) Selektion eingesetzt. Die Anzahl an Auswertungen für ein Individuum wird durch die Testprozedur mit Signifikanzniveau α bestimmt und ist durch N_{max} begrenzt[4]. Die Resultate zu jeder Einstellung ergeben sich über jeweils 200 Optimierungsläufe. Analog zu Beyer (1993), wo dasselbe Testproblem theoretisch und ohne Mehrfachauswertung im Rahmen der ES analysiert wurde, ist in den Abbildungen die Fitness bzw. das Quadrat des Abstands zum Optimum gezeigt:

$$f(\mathbf{x}) = R^2 = \|\mathbf{x} - \mathbf{x}^*\|^2 = \|\mathbf{x}\|^2 \quad . \tag{4.11}$$

Die Resultate sollen zwei Fragen beantworten: Erstens: Die maximale Anzahl an Fitnessauswertungen pro Generation ist $(N_{\text{max}} \cdot \lambda)$. Inwieweit kann das Testverfahren diese Anzahl reduzieren, und wie ist dabei die Abhängigkeit vom Signifikanzniveau α? Die *durchschnittliche Anzahl an Auswertungen pro Generation* ist hier aussagekräftig. Zweitens: Wie beeinträchtigt die Reduktion der Anzahl an Auswertungen die erreichbare finale Fitness f_∞?

N_{max} und α werden systematisch variiert: $N_{\text{max}} \in \{2, 3, 4, 5, 7\}$ und $\alpha \in \{0, 0.025, 0.05, 0.1, 0.2\}$. Der Wert $\alpha = 0$ bedeutet, daß nicht getestet wird.

[3]Der Gray Code stellt sicher, daß zwei ganze Zahlen, deren Differenz 1 ist, von zwei Bitstrings mit Hamming Distanz 1 repräsentiert werden (Bäck 1996).

[4]Der genaue Ablauf verläuft nach folgendem Schema: 1. Jedes Individuum wird ausgewertet. 2. Die Individuen werden sortiert. 3. Jedes der $\mu+1, \ldots, \lambda$ schlechteren Individuen wird gegen jedes der $1, \ldots, \mu$ besseren getestet. Ist bei einem Test das Ergebnis nicht signifikant, so werden die beteiligten Individuen im weiteren Verlauf erneut ausgewertet. 4. Die Schritte 1,2 und 3 werden N_{max} mal durchlaufen.

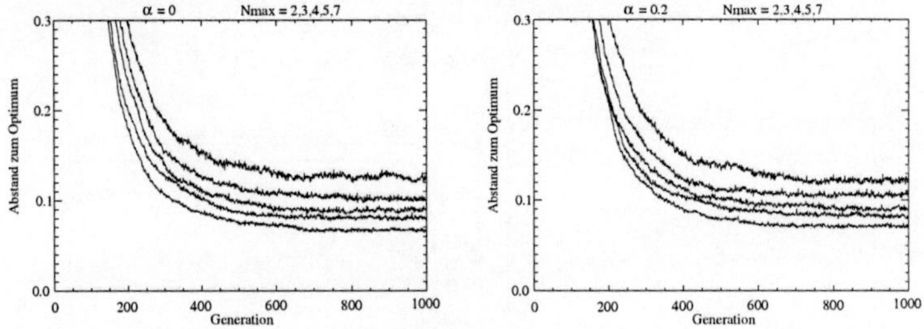

Abbildung 4.4: Gemittelter Fitnessverlauf links ohne Testprozedur, $\alpha = 0$, rechts mit Testverfahren auf Signifikanzniveau $\alpha = 0.2$. Die Kurven von oben nach unten sind für $N_{\max} = 2, 3, 4, 5, 7$.

Resultate Im Fall einer größeren Population, $\mu = 10$, $\lambda = 50$ und $\sigma = 0.1$ zeigt Abb. 4.4 die durchschnittliche Fitness in Abhängigkeit von $N_{\max}$ für $\alpha = 0$ und $\alpha = 0.2$. Man sieht, daß der Verlauf über die Generationen mit und ohne Testprozedur sehr ähnlich ist. Genaue Zahlenwerte sind in Tabelle 4.1 angegeben.

In Beyer (1993) wurde für ES für dasselbe Problem bei einer Mutationsschrittweite, die sehr viel kleiner ist als das Rauschen folgende Abhängigkeit zwischen finalem Fehler f_∞ und Rauschlevel σ_{eff} hergeleitet:

$$f_\infty = R_\infty^2 \propto \sigma_{\text{eff}} = \frac{\sigma}{\sqrt{N}} \propto \frac{1}{\sqrt{N}} , \tag{4.12}$$

wobei N die Anzahl an Auswertungen ist. Für $\alpha = 0$ und $N_{\max} = 2, 3, 4, 5, 7$ ist der gemessene Zusammenhang in folgender Tabelle wiedergegeben.

$N_{\max}$	2	3	4	5	7
$f_\infty \cdot \sqrt{N_{\max}}$	0.177	0.177	0.178	0.180	0.176

Der für dieses Testproblem gefundene theoretische Zusammenhang stimmt gut mit den Messungen überein. Um das Optimum innerhalb einer vorgegebenen Genauigkeit zu erreichen, kann man aus der Formel die nötige Anzahl an Mittelungen $N_{\max}$ bestimmen.

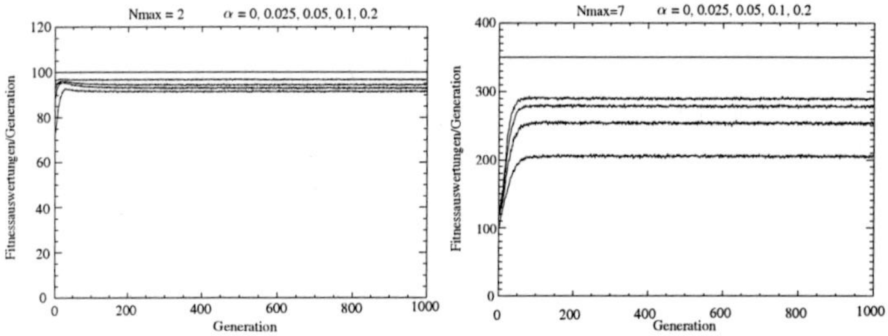

Abbildung 4.5: *mittlere Anzahl an Auswertungen/Generation*, für verschiedene Testniveaus α; Links: für $N_{\max} = 2$ kann nur eine geringe Reduktion erwartet werden. Rechts: für $N_{\max} = 7$ ist die Reduktion groß. ($\alpha = 0$ obere Kurve, $\alpha = 0.2$ unterste Kurve.)

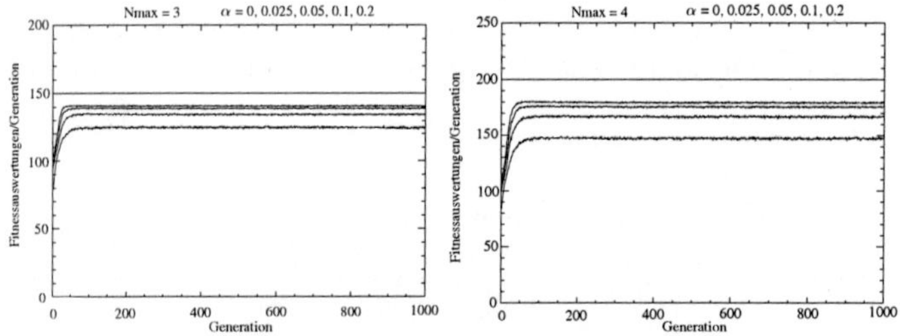

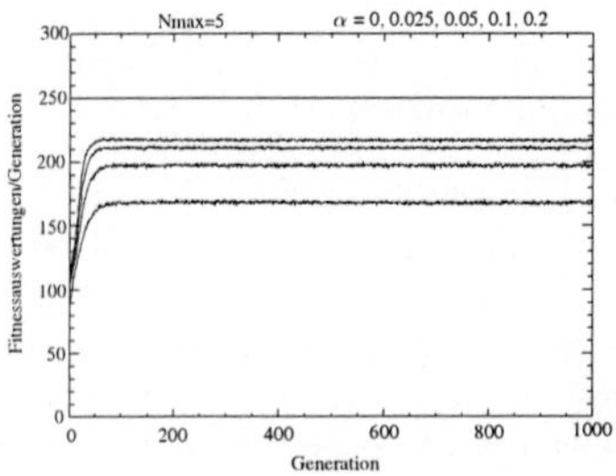

Abbildung 4.6: *mittlere Anzahl an Auswertungen/Generation* für verschiedene Testniveaus α, von links nach rechts: $N_{\max} = 3, 4, 5$

$N_{\max}$	α					
	0	0.025	0.05	0.1	0.2	Fehler
2	0.125	0.125	0.121	0.125	0.122	+/- 0.01
3	0.102	0.104	0.105	0.104	0.106	+/- 0.012
4	0.0894	0.894	0.0890	0.0877	0.0904	+/- 0.010
5	0.0806	0.0790	0.0782	0.0834	0.0822	+/- 0.010
7	0.0666	0.0685	0.0694	0.0658	0.0714	+/- 0.0013

Tabelle 4.1: finale Fitness, $f_\infty = R_\infty^2$, für verschiedene $N_{\max}$, α und festem $\sigma = 0.1$.

$N_{\max}$	α				
	0	0.025	0.05	0.1	0.2
2	100	96.80	94.52	93.04	91.55
3	150	140.9	139.1	134.6	124.9
4	200	179.4	175.7	166.8	147.4
5	250	216.7	210.7	197.0	167.8
7	350	289.6	278.5	254.4	205.5

Tabelle 4.2: *Auswertungen / Generation*, für verschiedene $N_{\max}$, α bei festem Rauschen mit $\sigma = 0.1$.

Die Einsparungen an Fitnessauswertungen durch das Testverfahren geben die Abbildungen 4.5 und 4.6 wieder, exakte Zahlenwerte sind in Tabelle 4.2 aufgeführt:

Bei einer wachsenden Zahl erlaubter Auswertungen $N_{\max}$ nimmt der Anteil gesparter Auswertungen zu. Im Verlauf der Evolution ist die Anzahl zuerst sehr hoch und pegelt sich dann schnell auf einem konstanten Niveau ein. Das heißt, daß zu Beginn der evolutionären Optimierung die tatsächlichen Fitnesswerte noch weiter auseinanderliegen. Dadurch können Individuen, die nicht zur nächsten Elterngeneration gehören sollen, schneller erkannt werden. Aber auch in der Phase der Konvergenz gibt es Individuen, die gut als nicht fit genug erkennbar sind. Gerade bei GA oder Strukturoptimierungsaufgabe ist es wegen der komplizierteren Genotyp-Fitness Abbildung nicht immer möglich, Operatoren mit ausschließlich kleinen Fitnessänderungen zu

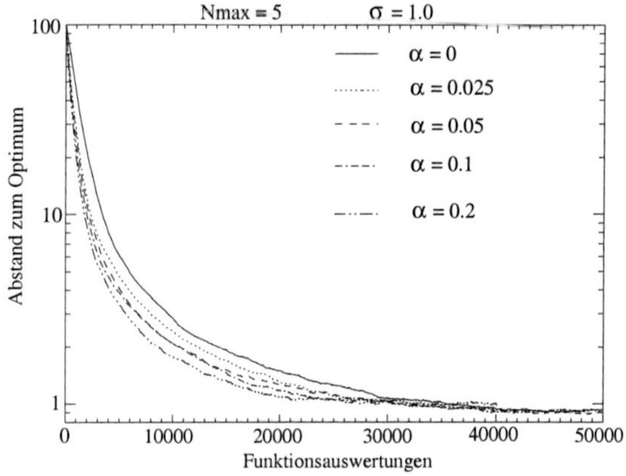

Abbildung 4.7: durchschnittliche Fitness als Funktion der Fitnessauswertungen. Für $\sigma = 1.0$ und $N_{\max} = 5$.

konstruieren. Nachkommen mit großer Fitnessdifferenz, z. B. sehr schlechte Netztopologien, lassen sich daher mit dem eingeführten Verfahren ohne allzuviele Fitnessauswertungen erkennen.

Die Auswirkungen des Testens auf Optimierungsgeschwindigkeit und Konvergenz, ist in Abbildung 4.7 durch den Graph der Fitness in Abhängigkeit der Funktionsauswertungen für $N_{\max} = 5$ dargestellt.

Ein weiterer Aspekt des Mittelns ist der Fortschritt pro Fitnessauswertung und nicht pro Generation, die Effizienz der Suche; In Abhängigkeit von der Zahl der Mittelungen $N \in I\!N$ ergibt sich ein weiteres Evolutionsfenster: Für $N \to 1$ ist das effektive Rauschen so groß, daß die Fitness abnimmt, und der Fortschritt negativ ist. Für $N \to \infty$ geht das effektive Rauschen gegen 0, und damit ist der Fortschritt, oder zumindest der Erhalt der Fitness, sicher. Aber Fortschritt / Fitnessauswertung $\to 0$. Für ein mittleres N nimmt der Fortschritt / Auswertung ein Optimum an.

Dieser Sachverhalt läßt sich an dem einfachen Modell aus Abschnitt 4.3.1 aufzeigen: In Gleichung 4.9 ist die Fortschrittserwartung pro Generation gegeben; Die Wahrscheinlichkeit, richtig zu selektieren, $p^+(\sigma_{\text{eff}}, \triangle Q)$, ist über

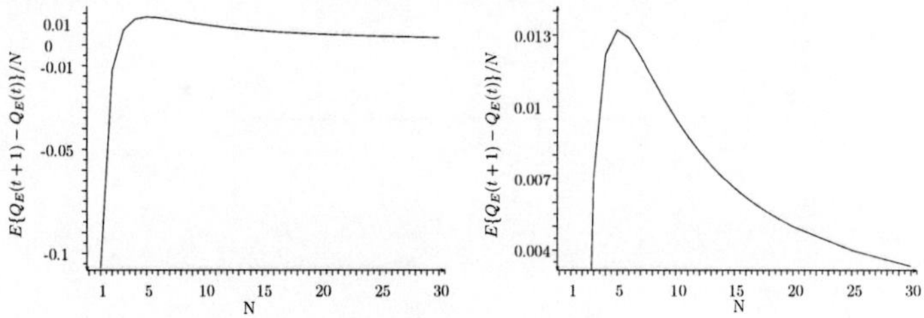

Abbildung 4.8: Fortschrittserwartung pro Auswertung in Abhängigkeit der Anzahl an Auswertungen N: links für $N = 1, \ldots, 30$; rechts für den Bereich der positiven Fortschrittserwartung.

das effektive Rauschen eine Funktion von N: Damit ergibt sich die Fortschrittserwartung / Auswertung zu:

$$E\{Q_E(t+1) - Q_E(t)\}/N = \triangle Q \cdot [p^+(\frac{\sigma}{\sqrt{N}}, \triangle Q) - (1-p)] \; / \; N \quad .$$

Für $\triangle Q = 1, \sigma = 1$ und $p = 0.1$ ist der Zusammenhang in Abb. 4.8 dargestellt. Die linke Abbildung zeigt, daß für zu wenige Auswertungen eine gute Fitness sehr schnell verloren geht. Der Bereich echten Fitnessgewinns, Abbildung rechts, hat ein deutliches und ziemlich schmales Maximum. Die Anzahl an Auswertungen müßte also eigentlich sorgfältig gewählt werden. Die Bestimmung des optimalen N ist in der Anwendung im Vorfeld nicht möglich, das vorgeschlagene Verfahren des Testens führt dazu, daß die Kurve für $N \to \infty$ langsamer abfällt, weil nicht alle zur Verfügung stehenden Auswertungen ausgeschöpft werden.

4.3.3 Rauschen und Selektion

In den bisherigen Betrachtungen war das Rauschen von den Individuen unabhängig. Histogramme über die Fitnessverteilungen verschiedener neuronaler Netzstrukturen zeigen, daß die Verteilungen sehr unterschiedlich sein können, durchaus z. B. bimodal. An einem Modell zeigt sich, welche Situationen hierbei für die Strukturoptimierung auftreten können. Ein Individuum sei beschrieben durch eine skalare Zahl $x, x \in [0, 1]$. Die Fitnessverteilung ist

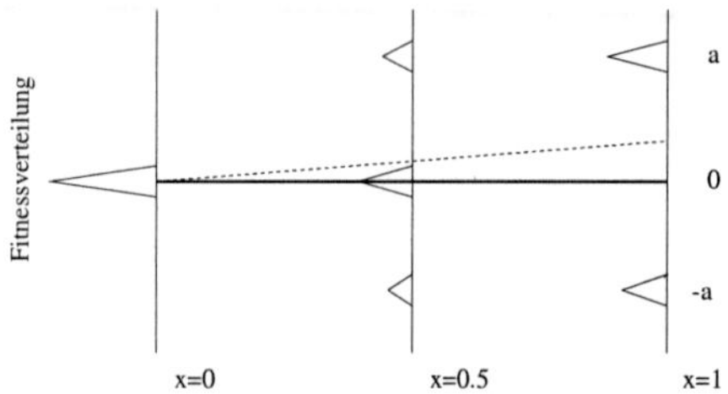

Abbildung 4.9: Fitnessverteilung $\tilde{f}(x)$ in Abhängigkeit von $x = 0,\ 0.5,\ 1$. Die gestrichelte Linie ist der Erwartungswert, $\eta < 0.5$. Die Dreiecke sind eigentlich δ Funktionen.

nun abhängig vom Individuum x:

$$\tilde{f}(x) = \begin{cases} -a & \text{mit Wahrscheinlichkeit } \eta \cdot x \\ 0 & \text{mit Wahrscheinlichkeit } (1-x) \\ a & \text{mit Wahrscheinlichkeit } (1-\eta) \cdot x \end{cases} \quad , \text{ wobei}$$

$\eta \in [0,1]$. D. h. das Individuum $x = 0$ hat die eindeutige Fitness 0, die Verteilung ist monomodal. Das Individuum $x = 1$ hat eine bimodale Fitnessverteilung mit Werten a und $-a$, deren Anteile über den Parameter η eingestellt werden. Für Individuen $x \in]0,1[$ ist die Fitnessverteilung eine Überlagerung zwischen der bimodalen und der monomodalen Fitness, die Anteile werden linear durch den Wert x festgelegt. Die Wahrscheinlichkeiten der Ereignisse werden etwas kürzer notiert als:

$$\begin{aligned} P\{\tilde{f}(x) = a\} &= P(a,x)\ , \\ P\{\tilde{f}(x) = 0\} &= P(0,x) \text{ und} \\ P\{\tilde{f}(x) = -a\} &= P(-a,x)\ . \end{aligned}$$

Der Mittelwert der Fitness ist:

$$E\{f(x)\} = a \cdot P(a,x) - a \cdot P(-a,x) = a \cdot (1-2\eta)\,x \quad . \tag{4.13}$$

Schematisch ist die Fitnessverteilung in Abhängigkeit von x in Abbildung 4.9 gezeigt, gestrichelt ist der Erwartungswert der Fitness eingezeichnet.

Folgende Frage soll analysiert werden: Ein Individuum x hat N Nachkommen; mit der Wahrscheinlichkeit p hat ein Nachkomme den Wert $x + \triangle x$ mit

Wahrscheinlichkeit $(1-p)$ den Wert $x - \triangle x$. Selektiert wird der Beste der N Nachkommen, x'. Wenn nicht eindeutig ist, welcher Nachkomme die größte Fitness hat, wird gleichverteilt aus den Besten gezogen. Zur Diskussion der Auswirkung des Rauschens auf die Dynamik des evolutionären Prozesses, ist nach der Wahrscheinlichkeit $p(x' = x + \triangle x)$, bzw. $p(x' = x - \triangle x)$ gefragt. Die Entwicklung in der Evolution hängt davon ab, ob $p(x' = x + \triangle x) > 0.5$ oder $p(x' = x + \triangle x) < 0.5$ ist.

Bezeichne $P_{1:m}(a, x)$ die Wahrscheinlichkeit, daß bei m-fachem, unabhängigen Ziehen aus der Fitnessverteilung an der Stelle x das beste Ergebnis a ist. Analog sind $P_{1:m}(0, x)$ und $P_{1:m}(-a, x)$ definiert. Diese Wahrscheinlichkeiten ergeben sich zu:

1. $P_{1:m}(-a, x) = (\eta x)^m$.
2. $P_{1:m}(a, x) = 1 - (1 - (1 - \eta) \cdot x)^m$,
   denn die Wahrscheinlichkeit, daß von m Individuen mindestens eines Fitnesswert a hat ist 1 minus die Wahrscheinlichkeit, daß keines der m Individuen Fitnesswert a hat ;
3. $P_{1:m}(0, x) = 1 - [P_{1:m}(-a, x) + P_{1:m}(a, x)]$.

Zusätzlich zu diesen Werten werden in der Rechnung noch die Wahrscheinlichkeiten folgender Ereignisse benötigt: $f_r(a, x, m)$ bezeichne das Ereignis, daß bei m-fachem, unabhängigen Ziehen aus der Fitnessverteilung an der Stelle x genau r Auswertungen den Wert a haben und die restlichen $(m - r)$ Auswertungen schlechter sind. Analog bezeichne $f_r(0, x, m)$ und $f_r(-a, x, m)$ die Ereignisse mit den Fitnesswerten 0 und $-a$. Die Wahrscheinlichkeiten dieser Ereignisse ergeben sich als:

$$P\{f_r(-a, x, m)\} = \begin{cases} 0 & \text{für } r < m \\ (\eta \cdot x)^m & \text{für } r = m \end{cases} ,$$

denn wenn kein Wert besser sein darf als $-a$, dann müssen alle m Werte $-a$ sein, und die Wahrscheinlichkeit ist durch $(\eta \cdot x)^m$ gegeben. Das Ereignis, daß nur $r < m$ Werte $-a$ sind und die restlichen schlechter ist unmöglich, weil $-a$ der schlechteste Wert ist.

$$P\{f_r(0, x, m)\} = \binom{m}{r} \cdot P(0, x)^r \cdot P(-a, x)^{m-r} ,$$

denn genau r Ziehungen sollen den Wert 0 haben und die anderen sollen schlechter als 0 sein, d. h. $-a$. Über den kombinatorischen Faktor werden alle gleichwahrscheinlichen Möglichkeiten eingeschlossen. Die Wahrscheinlichkeit des dritten Ereignisses ist:

$$P\{f_r(a,x,m)\} =$$
$$\binom{m}{r} \cdot P(a,x)^r \cdot \left[\sum_{k=0}^{m-r} \binom{m-r}{k} P(0,x)^k \cdot P(-a,x)^{m-r-k}\right] ,$$

denn die beiden Terme vor der Klammer beschrieben die Wahrscheinlichkeit aus den m Ziehungen genau r Werte a zu erhalten; die eckige Klammer erfaßt die Möglichkeiten zusammen mit den entsprechenden Wahrscheinlichkeiten, die restlichen $(m-r)$ Ziehungen auf die Werte 0 und $-a$ zu verteilen.

Damit ergibt sich $p(x' = x + \triangle x)$ aus folgender Betrachtung: Die Wahrscheinlichkeit, an der Stelle x von den N Nachkommen m Nachkommen $x + \triangle x$ zu ziehen, ist durch die Binomialverteilung gegeben:

$$\binom{N}{m} p^m \cdot (1-p)^{N-m}.$$

Für $m = 0$ kann kein Nachkomme $x + \triangle x$ selektiert werden, es gibt keinen. Für $m = 1, \ldots, N$ gibt es jeweils 5 Situationen, in denen ein Nachkomme $x + \triangle x$ selektiert wird.

1. Der beste Fitnesswert der m Nachkommen $x + \triangle x$ ist a und der beste Fitnesswert der $N - m$ Nachkommen $x - \triangle x$ ist 0 oder $-a$.

2. Der beste Fitnesswert der m Nachkommen $x + \triangle x$ ist 0 und der beste Fitnesswert der $N - m$ Nachkommen $x - \triangle x$ ist $-a$.

3. Genau die besten k Nachkommen $x + \triangle x$ haben Fitness a und genau die besten l Nachkommen $x - \triangle x$ haben Fitness a. In dem Fall wird anteilig, d. h. mit Wahrscheinlichkeit $k/(l+k)$ ein Nachkomme $x + \triangle x$ selektiert.

4. Entsprechend Punkt 3. , allerdings mit Fitnesswert 0.

5. Entsprechend Punkt 3. , allerdings mit Fitnesswert $-a$.

Es gilt also:

$$
\begin{aligned}
&p(x' = x + \triangle x) = \\
&\sum_{m=1}^{N} \binom{N}{m} p^m \cdot (1-p)^{N-m} \cdot \\
&\Big\{ P_{1:m}(a, x+\triangle x) \cdot [P_{1:N-m}(0, x-\triangle x) + P_{1:N-m}(-a, x-\triangle x)] + \\
&P_{1:m}(0, x+\triangle x) \cdot P_{1:N-m}(-a, x-\triangle x) + \\
&\sum_{k=1}^{m} \sum_{l=1}^{N-m} P\{f_k(a, x+\triangle x, m)\} \cdot P\{f_l(a, x-\triangle x, m)\} \frac{k}{k+l} + \\
&\sum_{k=1}^{m} \sum_{l=1}^{N-m} P\{f_k(0, x+\triangle x, m)\} \cdot P\{f_l(0, x-\triangle x, m)\} \frac{k}{k+l} + \\
&\sum_{k=1}^{m} \sum_{l=1}^{N-m} P\{f_k(-a, x+\triangle x, m)\} \cdot P\{f_l(-a, x-\triangle x, m)\} \frac{k}{k+l} \Big\} \quad .
\end{aligned}
$$

Dieser Ausdruck läßt sich für relevante Parameterbereiche N, p und η auf dem Bereich von $x \in [0,1]$ diskutieren: Die Wahrscheinlichkeit für eine Mutation von x nach $x = x + \triangle x$ spiegelt den Einfluß der Topologie wider, nämlich die Tendenz auf Grund der Fitnesslandschaft Individuen mit größerem x zu erzeugen. Der Parameter η legt fest, ob die bimodale Verteilung einen größeren Anteil $f(x) = -a$ (für $1 \geq \eta > 0.5$) oder $f(x) = a$ hat. Je nachdem, siehe Gleichung 4.13, ist die mittlere Fitness für $x = 0$ bzw. für $x = 1$ maximal. N bestimmt den Selektionsdruck $\lambda/\mu = N/1 = N$.

Für $p = 0.5$ gibt es durch die Topologie keine Tendenz in der Evolution bezüglich der x-Werte, η und N bestimmen die evolutionäre Richtung. Für einen großen Selektionsdruck[5], $N = 15$, geht die Tendenz auch für große η, z. B. $\eta = 0.82$, in Richtung $x = 1$, siehe Abb. 4.10 links. D. h. obwohl bei der bimodalen Verteilung nur 18% der Auswertungen auf die guten Resultate $f(1) = a$ entfallen, tendiert die Evolution eindeutig zu diesen Individuen. Wenn der Anteil der guten Auswertungen der bimodalen Verteilung weiter schrumpft, auf 9% in Abb. 4.10 rechts, dann ergibt sich ein stationärer Punkt für den evolutionären Verlauf, hier bei dem Individuum $x^* = 0.49$.

[5] Nach Rechenberg (1994) ist 7:1 ein grober Anhaltspunkt für das Verhältnis von Nachkommen zu Eltern.

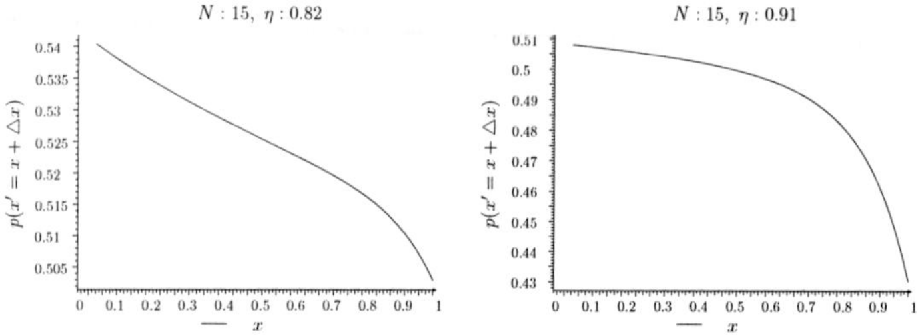

Abbildung 4.10: $p(x' = x + \triangle x)$ in Abhängigkeit von x für hohen Selektionsdruck und links: $\eta = 0.82$, rechts: $\eta = 0.91$. Man beachte die unterschiedlich skalierten y Achsen. Wichtig ist der Wert 0.5 auf der Ordinate, die Differenz dazu entscheidet über den Verlauf der Evolution. Eine genaue Beschreibung befindet sich im Text.

Daß der kleine Anteil, $(1 - \eta)$, guter Fitnessauswertungen, das könnten z. B. Ausreißer mit guter Fitness sein, die Evolution bestimmen, das erfolgt auch schon bei geringerem Selektionsdruck. Für $N = 3$ sind zwei Beispiele für $\eta = 0.60$ und $\eta = 0.70$ in Abbildung 4.11 gezeigt. Hier ist der Selektionsdruck allerdings so gering, daß bereits bei einem geringen Übergewicht an schlechten Auswertungen in der bimodalen Verteilung ($\eta = 0.70$), das Individuum $x = 0$ mit der monomodalen Verteilung erreicht wird. Für $\eta = 0.60$ ergibt sich noch ein stationärer Punkt, bei $x^* = 0.72$.

Je größer der Selektionsdruck, desto einflußreicher sind die Ausreißer für den evolutionären Verlauf. Dieser Effekt ist meines Wissens in der Theorie evolutionärer Algorithmen noch nicht diskutiert, er ist in zweierlei Hinsicht wichtig:

- Es ist bekannt, daß das optimale Ergebnis, das man erhält, nicht allein durch die Fitnessfunktion sondern auch durch die Wahl des Selektionsverfahrens, der Operatoren, usw. bestimmt wird. Der Unterschied, der sich durch die Betrachtungen ergibt, ist, daß sich das Optimum nicht durch die Fitnessfunktion allein, sondern erst im Zusammenhang mit dem Selektionsverfahren ergibt.

- Wenn sich Individuen wenig unterscheiden, kann ein evolutionärer Algorithmus eine Dynamik auf Grund des unterschiedlichen Rauschens

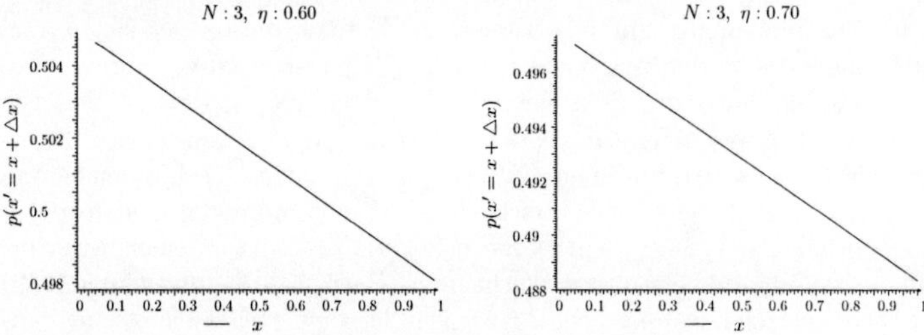

Abbildung 4.11: $p(x' = x + \triangle x)$ in Abhängigkeit von x für geringen Selektionsdruck und links: $\eta = 0.60$, rechts: $\eta = 0.70$. Man beachte die unterschiedlich skalierten y Achsen. Genaue Beschreibung siehe Text.

> der Individuen entwickeln. Die Dynamik ist meines Erachtens ein Ansatzpunkt zum tieferen Verständnis evolutionärer Algorithmen.

Diese Untersuchung wird bei der SONN bestätigt. Sie läßt sich sicherlich auch auf andere Rauschverteilungen erweitern, z. B. auf normalverteiltes Rauschen mit $\sigma = \sigma(x)$. Dabei ließe sich erwarten, daß in Abhängigkeit vom Selektionsdruck der EA bei Individuen gleicher Güte zu einem eindeutigen Rauschlevel tendiert.

4.4 Codierung neuronaler Netze

Im Folgenden werden Codierungen neuronaler Netze und ihre Merkmale kurz besprochen und die im Verlauf der Arbeit benutzte, direkte Codierung weiter analysiert.

Die Topolgoie eines neuronalen Netzes läßt sich durch einen gerichteten Graph $G = (V, E)$, mit Knoten V und Kanten $E \in (V \times V)$, beschreiben. Das SONN Problem ist also gleichbedeutend mit der Aufgabe, einen Graphen zu finden. Auch andere diskrete Optimierungsprobleme lassen sich auf eine Suchaufgabe im Graphraum abbilden, z. B. das Problem des Handlungsreisenden (Tao und Michalewicz 1998), wobei die konkrete Problemstellung den Raum der zulässigen Graphen einschränkt. FFNN sind beispielsweise azyklische Graphen.

Im Zusammenhang mit NN werden zur Repräsentation der Netze zwei unterschiedliche Codierungstypen verwendet: Einerseits gibt es direkte Codierungen; bei ihnen wird jede existierende Verbindung explizit im Genotyp repräsentiert. In der Literatur existieren dazu sehr viele Beispiele, eine der ersten war Todd (1989), für einen aktuellen, umfassenden Überblick siehe Yao (1999); Darüberhinaus gibt es verschiedenste Typen indirekter Codierungen; dabei enthält der Genotyp eine Vorschrift zur Konstruktion einer Struktur, z. B. über Verbindungswahrscheinlichkeiten (Harp, Samad, und Guha 1989) zwischen Neuronengruppen. Die Arbeit von Sendhoff (1998) bietet einen guten Überblick über indirekte Codierungen und zeigt eine Untersuchung einer speziellen Codierung, die auf den Arbeiten von Kitano (1990, 1994) aufbaut. Die Verwendung indirekter Codierungen wird mit folgenden Punkten begründet:

- Direkte Codierungen sind unbiologisch, da in biologischen Systemen nicht alle Verbindungen zwischen den Neuronen genetisch codiert sein können.
- Indirekte Codierungen können zu modular aufgebauten Systemem führen. Die Kapselung und Wiederverwendung modularer Teilstrukturen kann die Effizienz der Optimierung steigern.
- Die direkte Codierung skaliert schlecht, d. h. große Netze bedingen große, speicherintensive Genotypen. Dahingegen kann auch ein kleiner Genotyp einer indirekten Codierung durch eine kompakte Konstruktionsvorschrift ein großes NN codieren.

Diese Gründe sind möglicherweise im Bereich neurobiologischer Modellierung relevant, am derzeitigen Stand der Forschung künstlicher neuronaler Netze gehen sie vorbei. Die Skalierungseigenschaften sind mit heutiger Computertechnik unproblematisch; Netze mit mehreren 10000 Neuronen sind nicht wegen des Speicherproblemens schwierig, sondern aus Gründen der Lernalgorithmik (noch) nicht handhabbar. Auch die Optimierung modularer Netzstrukturen ist durch die dafür nicht angemessenen Lernverfahren verhindert.

Zur Codierung gehören neben der besprochenen Repräsentation die Operatoren. Ein Konstruktionsverfahren zur Festlegung einer guten Codierung gibt es nicht[6], allerdings werden einige Heuristiken (Droste et al. 1998; Emme-

[6] Für die optimale Codierung bedürfte es sogar des vollständigen Problemwissens, und damit der Lösung.

rich et al. 2000) und Bewertungskriterien (Macken und Stadler 1995; Sendhoff, Kreutz, und von Seelen 1997) vorgeschlagen. Formale Kriterien, die gestellt werden, sind:

- Vollständigkeit, d. h. jede erlaubte Lösung soll innerhalb der Repräsentation erreichbar sein, insbesondere auch das Optimum.

- Korrektheit, d. h. jede erreichbare Lösung soll erlaubt sein.

Diese Eigenschaften lassen sich meist einhalten und nachweisen. Weitere, zuweilen unterschiedlich formulierte Kriterien, sind:

- Die Codierung soll starke Kausalität garantieren, siehe Abschnitt 4.2.

- Die Suchoperatoren sollen keine Lösungen bevorzugen.

Zur Beurteilung starker Kausalität, d. h. kleine Veränderungen im Genotypraum erzeugen im Mittel kleine Veränderungen des Fitnesswertes, muß ein Abstandsbegriff $d(\cdot;\cdot)$ in $\mathcal{G}$ definiert werden. Die mathematische Struktur von $\mathcal{G}$ legt oft ein Abstandsmaß nahe, z. B. die Hamming Distanz im $[0,1]^n$. Aber im Kontext von EA sind zwei Genotypen $g_i, g_j \in \mathcal{G}$ in Abhängigkeit der Operatoren als benachbart zu betrachten, wenn die Wahrscheinlichkeit, g_j aus g_i zu erzeugen ($P(g_i \to g_j)$), groß ist. Sendhoff und Kreutz (1997) haben daher vorgeschlagen:

$$d(g_i, g_j) = -\log\left(\frac{1}{P_{id}} P(g_i \to g_j)\right) \quad , \tag{4.14}$$

wobei P_{id} die Wahrscheinlichkeit ist, daß die Operatoren g_i nicht verändern. Auch wenn im Einzelfall geklärt werden muss, ob die Eigenschaften eines Distanzmaßes garantiert sind, kann man mit diesem Abstandsbegriff die Forderung nach starker Kausalität folgendermaßen in Worte fassen:

> Die Codierung soll so gewählt werden, daß die Operatoren häufiger kleine als große Veränderungen der Fitnesswerte hervorrufen.

Diese Anforderung setzt das Verständnis der Optimierungsaufgabe vorraus, und verlangt die problemspezifische Definition von Operatoren. Sie läßt sich nicht allgemein lösen. An dieser Stelle fließt Vorwissen in Form von Hypothesen über die Fitnessveränderungen ein, die von den möglichen Operatoren hervorgerufen werden. Die Quantifizierung starker Kausalität ist schwierig, für eine direkte Codierung neuronaler Netze wurde an einem Beispiel eine Operatorbewertung anhand der starken Kausalität durchgeführt (Trint und Utecht 1994).

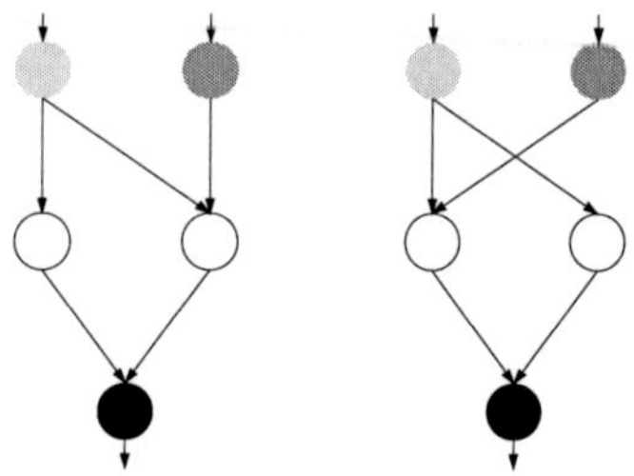

Abbildung 4.12: Zwei funktional äquivalente neuronale Netze, bzw. isomorphe Graphen. Jeder Ein- und Ausgabeknoten hat eine eigene Farbe.

4.4.1 Isomorphe Strukturen und Äquivalenzklassen

In diesem Abschnitt wird die Eigenschaft der direkten Codierung, daß mehrere Genotypen funktional äquivalente, isomorphe NN codieren, untersucht (Hancock 1992; Radcliffe 1993), siehe Abb. 4.12. Codierungen mit dieser Eigenschaft werden als redundant bezeichnet. Zur Begriffsfestlegung sei eine Menge NN, die funktional äquivalent sind, als *Äquivalenzklasse* bezeichnet, ihre Elemente sind *Repräsentanten* der Klasse.

Einige Eigenschaften und möglichen Auswirkungen einer redundanten Codierung wurden anhand der biologischen Abbildung von RNA Sequenzen auf 2 dimensionale RNA Strukturen sehr ausführlich in der Gruppe von Peter Schuster in Wien untersucht (Grüner et al. 1996a; Grüner et al. 1996b; Schuster et al. 1998). Dabei wurde gezeigt, daß es „neutrale Netze“ im Genotypraum der RNA Sequenzen gibt. Neutrale Netze sind Mengen durch einen Mutationsschritt benachbarter Genotypen, die alle auf dieselbe 2d RNA Struktur abbilden. Diese neutralen Netze können der Vermeidung lokaler Optima dienen: Gibt es im nicht redundanten Fall in der Nachbarschaft eines Genotyps nur Genotypen mit geringerer Fitness, so kommt es zur Stagnation im lokalen Optimum. Im Fall, daß der Genotyp zu einem neutralen Netz gehört, können andere Genotypen des neutralen Netzes mit gleicher Fitness erreicht werden, die in ihrer Nachbarschaft möglicherweise bessere Genotypen haben. Eine Formalisierung dieser Untersuchungen findet man in (Reidys et al. 1997; Fontana et al. 1998).

Ein Problem redundanter Codierung ergibt sich im Zusammenhang mit dem Crossover Operator, es wird im nächsten Abschnitt behandelt.

Ein weiterer, bisher unbeachteter Aspekt redundanter Codierungen soll im Folgenden untersucht werden: die Mächtigkeit der Äquivalenzklassen bei direkter Codierung einer FFNN Topologie (Stagge und Igel 2000b); dazu werden zuerst der Genotypraum und der Strukturraum definiert:

Ein FFNN sei durch eine Verbindungsmatrix repräsentiert: Ein Eintrag 1/0 in Zeile u und Spalte v steht für eine/keine Verbindung von Neuron u zu Neuron v. Der Raum zulässiger Verbindungsmatrixen, der Genotypraum sei $\mathcal{G}$. Der Standard-Mutationsoperator für einen Bitstring ist der Bit Flip: die voneinander unabhängige Negation jedes Bits mit der Wahrscheinlichkeit p_{flip}. Dieser Mutationsoperator hat keine Vorzugsrichtung innerhalb $\mathcal{G}$.

Die Menge der Äquivalenzklassen (fortan: Strukturen) sei $\mathcal{S}$, eine Struktur dementsprechend $s \in \mathcal{S}$. Die Abbildung von Verbindungsmatrix auf Struktur ist $m : \mathcal{G} \to \mathcal{S}$. Die *Redundanz* einer Struktur $s \in \mathcal{S}$ ist definiert als die Kardinalität ihrer Äquivalenzklasse:

$$r(s) = |s| = |\{g \in \mathcal{G} \mid m(g) = s\}| \quad .$$

Die *mittlere Redundanz* einer Codierung ergibt sich als:

$$\bar{r} = \frac{1}{|\mathcal{S}|} \sum_{s \in \mathcal{S}} r(s) = \frac{|\mathcal{G}|}{|\mathcal{S}|} \quad .$$

Als Beispiel ist ein typisches FFNN mit K Eingangsneuronen, L verdeckten Neuronen in einer Schicht und M Ausgangsneuronen gewählt, siehe Abb. 2.2. Sei vorerst $M = 1$. Alle verdeckten Neurone haben eine Verbindung zum Ausgangsneuron. Die Verbindungen zwischen Eingangs- und verdeckter Schicht werden durch ein Feld von $K \cdot L$ Bits repräsentiert. Daher gilt:

$$|\mathcal{G}| = 2^{K \cdot L} \quad .$$

Die Betrachtung beinhaltet verdeckte Neurone, die keine Verbindung zur Eingangsschicht haben. Bei der folgenden Bestimmung von $|\mathcal{S}|$ sind diese Strukturen ebenfalls enthalten: Für einen Knoten in der verdeckten Schicht gibt es $T = 2^K$ verschiedene Möglichkeiten, mit der Eingangsschicht verbunden zu sein. Jeder verdeckte Knoten $l = 1, \ldots, L$ ist also durch eine Zahl $t_l \in \{1, \ldots, T\}$ spezifiziert. Eine Menge $\{t_1, \ldots, t_L\}$ charakterisiert mithin eine Netzstruktur, wobei es nicht auf die Reihenfolge der t_l ankommt, und

$t_i = t_j$ erlaubt ist. Aus der Kombinatorik ist die mögliche Anzahl solcher Mengen und damit unterschiedlicher $K-L-1$ Netzstrukturen bekannt:

$$|\mathcal{S}| = \binom{T+L-1}{L} .$$

Für $M \neq 1$ Ausgangsneurone kann man die Verbindungen der verdeckten Schicht zu den Ausgängen genauso betrachten, wie zu M zusätzlichen Eingaben, d. h. man braucht in den Überlegungen, nur K durch $(K+M)$ zu ersetzen. Als Beispiel für die mittlere Redundanz ergibt sich für ein $4-5-1$ Netz: $\bar{r} = 67.6326$.

Die durchschnittliche Redundanz charakterisiert eine Codierung nur unzureichend. Für eine genauere Beschreibung werden folgendermaßen *häufige* und *seltene* Strukturen definiert:

$$\mathcal{S} \ni s \text{ heißt } \left\{ \begin{array}{c} \text{häufig} \\ \text{selten} \end{array} \right\} \Leftrightarrow \left\{ \begin{array}{c} r(s) > \bar{r} \\ r(s) \leq \bar{r} \end{array} \right\} .$$

Die Definition überträgt sich auf die Genotypen: ein Genotyp heißt häufig, wenn er auf eine häufige Struktur abbildet, ansonsten heißt er selten. Der Anteil häufiger Strukturen $h_{\mathcal{S}}$ und häufiger Genotypen $h_{\mathcal{G}}$ kann damit definiert werden als:

$$h_{\mathcal{S}} = \frac{|\{s \in \mathcal{S} \mid r(s) > \bar{r}\}|}{|\mathcal{S}|} \text{, und} \tag{4.15}$$

$$h_{\mathcal{G}} = \frac{|\{g \in \mathcal{G} \mid r(m(g)) > \bar{r}\}|}{|\mathcal{G}|} . \tag{4.16}$$

Diese Werte hängen von der erlaubten Grundstruktur ab. Ein vollständiges Auszählen des Strukturraums gibt für das bereits eingeführte $K-L-1$ Netz mit $K=4$ und in Abhängigkeit von L folgendes Ergebnis, siehe Abb. 4.13: Für wachsendes L nimmt der Anteil häufiger Strukturen stark ab, während der Anteil häufiger Genotypen zunimmt. Das bedeutet, ein großer Anteil an Genotypen codiert einen kleinen Anteil aller Strukturen. Für $L = 20$ repräsentieren über 80% der Genotypen etwa 20% der Strukturen. Die angegebenen Netzgrößen sind durchaus realistisch. Bei der Evolution neuronaler Netze mit einer verborgenen Schicht erzeugt eine direkte Codierung mithin eine starke Ungleichverteilung im Strukturraum. Diese Ungleichverteilung steht in Widerspruch zu den Regeln, die es für das Aufstellen einer Codierung gibt, vgl. Abschnitt 4.4.

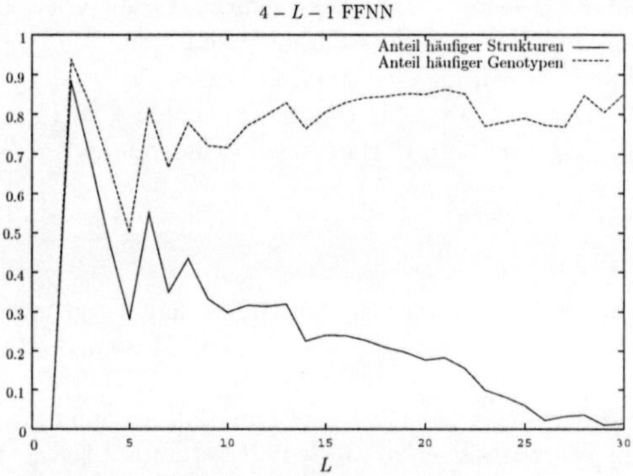

Abbildung 4.13: Anteil häufiger Strukturen, durchgezogene Linie, und häufiger Genotypen, gestrichelte Linie, für ein $4 - L - 1$ FFNN.

Für andere Grundstrukturen läßt sich eine solche Auswertung nicht durchführen, da ein systematisches Aufzählen des Strukturraums problematisch ist und das Abzählen des Genotypraums wegen seiner Größe unmöglich wird. Eine weitere Analyse wird möglich durch den Zusammenhang zwischen neuronalen Netzen und Graphen, weil zu einem Graph die Größe der Äquivalenzklasse bestimmt werden kann; von dem Zusammenhang wird außerdem zur Lösung des competing conventions Problems sowie zur Effizienzsteigerung der Strukturoptimierung Gebrauch gemacht, siehe Abschnitte 4.4.2, 4.5.

Sei $G = (V, E)$ ein gerichteter Graph. Eine Färbung π von G ist eine geordnete Aufteilung der Vertices V in k disjunkte, nicht leere Klassen $\pi = (V_1, V_2, \dots, V_k)$. Innerhalb der Farbklassen V_k sind die Knoten nicht geordnet. Zur Definition der Isomorphie wird die Permutation eines Graphen mitsamt seiner Färbung π definiert: Sei γ eine Permutation der Knoten V des Graphs G. Das Bild eines Knotens $v \in V$ unter γ ist v^γ. Ebenso ist das Bild einer Teilmenge von $W \subset V$ definiert als $W^\gamma = \{w^\gamma | w \in W\}$. Der Graph G^γ hat genau dann eine Verbindung von v^γ zu u^γ, wenn G eine Verbindung von v zu u hat. Das Bild einer Färbung unter Permutation γ ist als $\pi^\gamma = (V_1^\gamma, V_2^\gamma, \dots, V_k^\gamma)$ definiert. Eine Permutation γ der Knoten eines gefärbten Graphen ist genau dann *farberhaltend*, wenn $\pi^\gamma = \pi$, d. h. für alle Knoten

v haben v und v^γ dieselbe Farbe. Zwei gefärbte Graphen G_1 und G_2 sind genau dann *isomorph*, wenn eine farberhaltende Permutation γ existiert, die den einen Graphen in den anderen überführt, z. B. $G_1 = G_2^\gamma$.

Sei $\pi = (V_1, V_2, \ldots, V_k)$ eine Färbung der Knoten $V = \{1, \ldots, n\}$, dann kann man eine ausgezeichnete Färbung $c(\pi)$ definieren als:

$$c(\pi) = (\{1, \ldots, |V_1|\}, \{|V_1| + 1, \ldots, |V_1| + |V_2|\}, \ldots, \{n - |V_k|, \ldots, n\}) \ .$$

$c(\pi)$ ist unabhängig von π mit der Ausnahme, daß sie genausoviele Farbklassen wie π hat, und in den entsprechenden Farbklassen gleichviele Knoten sind.

Eine *kanonische Abbildung* $\mathcal{C}$ ist eine Funktion, so daß für alle Graphen $G = (V, E)$, für alle Färbungen π von V und Permutationen γ von V gilt:

1. $\mathcal{C}(G, \pi) = G^\delta$, für eine Permutation δ mit der Eigenschaft $\pi^\delta = c(\pi)$, und
2. $\mathcal{C}(G^\gamma, \pi^\gamma) = \mathcal{C}(G, \pi)$.

Die Bedeutung einer kanonischen Abbildung ist es, zu jeder Äquivalenzklasse isomorpher Graphen einen eindeutigen Repräsentaten zu definieren; über diese Repräsentaten kann die Isomorphie zweier Graphen festgestellt werden (McKay 1990):

> Seien G_1, G_2 zwei gefärbte Graphen mit derselben Anzahl an Knoten in jeder Farbe. Dann existiert eine Permutation γ mit $G_1 = G_2^\gamma$ genau dann, wenn $\mathcal{C}(G_1, \pi_1) = \mathcal{C}(G_2, \pi_2)$.

Das Graph Isomorphie Problem und damit auch das Berechnen der kanonischen Abbildung gehört wahrscheinlich zu der Komplexitätsklasse NPI (NP-incomplete) (Garey und Johnson 1979). Die kanonische Abbildung verhilft nicht zu einer Lösung des Isomorphie Problems in polynomieller Zeit, allerdings gibt es gut dokumentierte, frei verfügbare Programme, das *nauty* Paket von Brendan McKay, die mit Heuristiken eine kanonische Abbildung effizient berechnen (McKay 1990).

Um diese Erkenntnisse auf das Isomorphieproblem für neuronale Netze anzuwenden, muß ein Netz eindeutig auf einen gefärbten Graphen abgebildet werden. Für ein FFNN $\mathcal{N}$ mit n Knoten, davon die ersten d Eingangsknoten und die letzten m Ausgangsknoten, ist das durch einen Graph mit n Vertices möglich, der eine Kante (u, v) hat, wenn in $\mathcal{N}$ eine Verbindung von Neuron

u zu Neuron v existiert. Die Färbung wird gewählt, um die Eingabeknoten und Ausgabeknoten eindeutig zu kennzeichnen, d. h.

$$\pi_{\mathcal{N}} = (\{1\}, \ldots, \{d\}, \{d+1, \ldots, n-m\}, \{n-m+1\}, \ldots, \{n\}) \ . \quad (4.17)$$

Für die eindeutige Übertragung RNN Strukturen auf einen gefärbten Graph siehe Abschnitt 4.5.3 und (Stagge und Igel 2000b).

Auswertung

Mit diesem Zusammenhang läßt sich die Analyse der Codierung fortsetzen, denn zu jedem Netz, respektive Graph, läßt sich nun die Größe seiner Äquivalenzklasse bestimmen (Stagge und Igel 2000a). Die Auswertung soll die Frage beantworten, ob die Codierung „fair" ist; das heißt, ob die meisten Strukturen mit etwa der gleichen Häufigkeit erzeugt werden. Dazu werden – im Prinzip – alle Genotypen auf ihre Struktur abgebildet und deren Redundanz ermittelt. Die Strukturen lassen sich dann entsprechend ihrer Redundanz ordnen, Strukturen mit kleiner Redundanz kommen dabei zuerst. Ziel ist es, den Anteil an Genotypen zu ermitteln, die auf die „ersten" x Prozent der nach der Redundanz geordneten Strukturen abbilden;

Es wird also für jede beobachtete Redundanz $i \in \{r(s) \mid s \in \mathcal{S}\}$ der Anteil an Strukturen $x(i)$ bestimmt, die eine Redundanz haben, die kleiner oder gleich i ist:

$$x(i) = \frac{1}{|\mathcal{S}|} \left|\{s \in \mathcal{S} \mid r(s) \leq i\}\right| \ , \quad \text{sowie} \quad (4.18)$$

der Anteil an Genotypen, die auf Strukturen mit Redundanz kleiner oder gleich i abgebildet werden:

$$y(i) = \frac{1}{|\mathcal{G}|} \left|\{g \in \mathcal{G} \mid r(m(g)) \leq i\}\right| \ . \quad (4.19)$$

Die Abbildung $y(i)$ gegen $x(i)$ zeigt eine Ungleichverteilung der Strukturen, die durch die Isomorphien in der direkten Codierung verursacht wird. Wenn die unterschiedlichen Redundanzklassen die Suchcharakteristik nicht beeinflussen sollen, dann muß gelten $x(i) = y(i)$ für alle $i \in \{r(s) \mid s \in \mathcal{S}\}$. Denn wenn es keine Vorzugsstrukturen gibt, dann müssen p Prozent der Genotypen auch auf genau p Prozent der Strukturen abbilden. Das heißt, je mehr sich

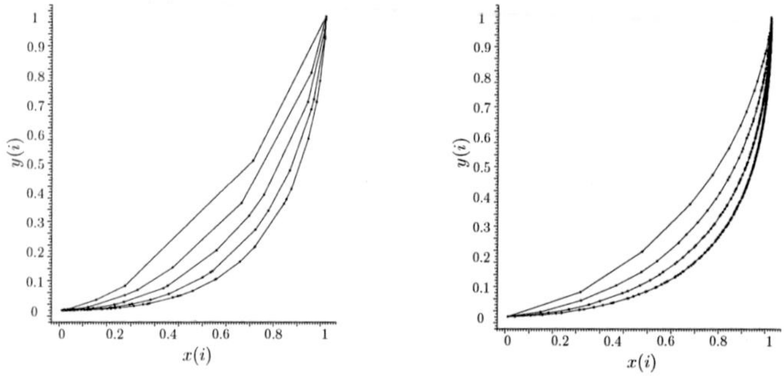

Abbildung 4.14: Kumulativer Anteil an Genotypen in Abhängigkeit des kumulativen Anteils an Strukturen, auf den sie abbilden (siehe Text) für ein 4-L-1 FFNN. Links: verborgene Neurone in einer verdeckten Schicht. Rechts: Keine Schichtrestriktion für die verborgenen Neurone. Die Kurven sind jeweils für $L = 5, 7, 9, 11$ und links auch $L = 13$. Mit abnehmender Anzahl an verdeckten Neuronen nähern sich die Kurven der Winkelhalbierenden an.

der Graph von $y(i)$ vs. $x(i)$ von der Winkelhalbierenden unterscheidet, desto stärker ist die Ungleichverteilung, die durch die Codierung erzeugt wird.

Bei der konkreten Analyse können die Werte $x(i)$ und $y(i)$ geschätzt werden, indem $\mathcal{G}$ in Gleichung 4.19 durch die bei einer Zufallssuche gefundene Genotypen ersetzt wird, und $\mathcal{S}$ in Gleichung 4.18 ebenso durch die entsprechenden Strukturen ersetzt wird.

Ergebnisse

Mit diesem Verfahren wurde die direkte Codierung für zwei verschiedene Grundstrukturen mit jeweils 4 Eingabeknoten und einem Ausgabeknoten untersucht:

1. Netze mit einer verdeckten Schicht mit L Neuronen. Die Genotypen sind hier Verbindungsmatrixen mit $4 \times L$ Bits. Dieser Fall ist analog zu den analytischen Betrachtungen.

2. Netze mit L verdeckten Neuronen, aber keinen Schichtrestriktionen. Die Genotypen sind dabei obere Dreiecksmatrixen.

Die Zahl der verdeckten Knoten L wurde variiert mit $L \in \{5, 7, 9, 11\}$ im ersten Fall auch $L = 13$. Bei den zufällig erzeugten Netzen wurde darauf geachtet, daß sie korrekt sind und jeder Knoten über einen Pfad mit mindestens einer Eingabe und der Netzausgabe verbunden ist. Für jede Grundstruktur wurden für jedes L 500000 Genotypen ausgewertet. Die Abb. 4.14 zeigt links die Ergebnisse des schichtorientierten Falls, rechts das Resultat nicht schichtrestringierten Grundstruktur. Ein Punkt $(0.3, 0.1)$ bedeutet z. B., daß 10% der Genotypen auf die ersten 30% der nach Redundanzen angeordneten Strukturen abbilden.

Wenn die Grundstruktur auf einschichtige Netze eingeschränkt ist, dann ergibt sich mit wachsender Anzahl an Neuronen in der verdeckten Schicht eine Ungleichverteilung. Das entspricht auch den Ergebnissen aus Abbildung 4.13. Auch wenn es keine Einschränkung der Schichtstruktur gibt, so bleibt die Zufallssuche im Strukturraum „unfair“ .

Die Untersuchung zeigt, daß die direkte Codierung mit Bit Flip Operator den Strukturraum ungleich verteilt repräsentiert. Abhilfe könnte eine Codierung schaffen, die nicht redundant ist, doch so eine Codierung ist für allgemeine Graphen nicht bekannt. Für Netzstrukturen mit nur einer verdeckten Schicht läßt sich eine solche Codierung finden. Darüberhinaus kann man die Suchoperatoren so verändern, daß die Ungleichverteilung abnimmt, oder auf Grund von Vorwissen Operatoren einsetzen, die bewußt bestimmte Strukturen bevorzugen, von denen angenommen wird, daß sie gut sind.

Beispielsweise ist bekannt, daß einschichtige Standardstrukturen, sowohl für FFNN als auch für RNN, oft ausreichend gut sind; daher ist eine schichtorientierte Codierung ein geeigneter Ausgangspunkt für die Strukturoptimierung neuronaler Netze, und wird in dieser Arbeit genutzt. D. h. die Anzahl erlaubter Schichten wird explizit kodiert.

Es ist durchaus nötig, Schichten zu erzwingen, denn eine Abschätzung ihrer Häufigkeit zeigt, daß sie bei einer freibleibenden direkten Codierung sehr selten sind: Eine Grundstruktur habe n verdeckte Knoten, und die Wahrscheinlichkeit, daß zwischen Knoten i und j, $i \neq j$ eine Verbindung existiert sei q, $p = 1 - q$. Knoten sind dann in einer Schicht, wenn die möglichen Verbindungen zwischen ihnen nicht besetzt sind. Für m aufeinanderfolgende Knoten gibt es $m \cdot (m-1)/2$ mögliche Verbindungen untereinander. Die Wahrscheinlichkeit, daß das Netz mit n Neuronen genau eine große verdeckte Schicht hat, ist damit:

$$P_n(1 \text{ Schicht}) = p^{n \cdot (n-1)/2} \quad .$$

Die Wahrscheinlichkeit, daß ein Netz zwei Schichten der Größe n_1, n_2 hat ($n_1 + n_2 = n$), ist für $n_1 = n_2$ am größten (angenommen n ist gerade). Es gibt $n/2$ verschiedene n_1, n_2 Kombinationen. Daher ist die Wahrscheinlichkeit für eine Aufteilung in zwei Schichten kleiner als:

$$P_n(2 \text{ Schicht}) < \left[p^{(n/2)\cdot(n/2-1)/2}\right]^2 \quad .$$

Ein Zahlenbeispiel für $n = 10, p = 0.5$ ergibt: $P_{10}(1 \text{ Schicht}) = 2.84217 \cdot 10^{-14}$ und $P_{10}(2 \text{ Schicht}) < 9.53674 \cdot 10^{-7}$.

4.4.2 Die Lösung des Competing Convention Problems

Im Rahmen der SONN (Hancock 1992) und anderer Graphoptimierungsaufgaben (Marino und Prügel-Bennet 2000) wurden die Probleme untersucht, die sich durch die Redundanz für die Rekombination ergeben. Beim Crossover werden Genotypbereiche zwischen zwei (oder mehreren) Genotypen ausgetauscht. Auf Grund der Isomorphie ist aber den Positionen im Genotyp keine eindeutige Bedeutung zugeordnet. So kann es passieren, daß der Crossover zwischen Strukturen zweier Äquivalenzklassen sehr unterschiedliche Resultate hat, je nachdem welche Repräsentanten daran beteiligt sind; Dies ist als „competing conventions“ Problem bekannt.

Man versucht das zu vermeiden, indem man funktional bedeutungstragende Bereiche im Genotyp identifiziert und rekombiniert (Hancock 1992). Für mehrschichtige Netze ist diese Identifikation nicht bekannt, erfolgreich wurde das Konzept beispielsweise in der Dichteschätzung angewandt (Kreutz, Reimetz, Sendhoff, Weihs, und von Seelen 1999). Fraglich ist, ob Rekombination überhaupt sinnvoll ist, wenn homologe Bereiche der beteiligten Genotypen nicht zugeordnet werden können. Im Bereich der Strukturoptimierung neuronaler Netze wird daher häufig keine Rekombination sondern nur der Mutationsoperator angewandt, so auch in dieser Arbeit.

Dennoch kann mit Hilfe der Äquivalenzklassen die Mehrdeutigkeit bei der Rekombination aufgelöst werden. Der Crossover wird dabei auf den kanonischen Repräsentanten der Klasse durchgeführt. Die Rekombination zwischen zwei Elementen derselben Äquivalenzklasse führt dann auch nicht aus der Klasse hinaus. (Manchmal wird diese schwächere Version als „competing conventions“ Problem bezeichnet.)

4.5 Topologieoptimierung neuronaler Netze

Der vorliegende Abschnitt beschreibt die Umsetzung der Erkenntnisse auf die SORNN. Dazu wird vorab die gewählte Prädiktionsaufgabe sowie die Codierung, d. h. die Repräsentation und die eigens definierten Operatoren, beschrieben. Darauf folgen Aussagen zur Wahl der Fitnessfunktion und zur Rauschverteilung der Netzauswertungen. Die Rauschverteilung bestimmt zum großen Teil das experimentelle Vorgehen. Zusätzlich gehen Annahmen über die Fitnesslandschaft in das Prozedere mit ein. Am Ende werden die Ergebnisse dargestellt und mit einer Zufallsuche verglichen.

Aufgabenstellung

Die Netzstruktur soll im Hinblick auf die Prädiktion der x-Koordinate des Lorenz Attraktors, Anhang A, optimiert werden. Dabei werden hauptsächlich Experimente zur 5 Schritt Prädiktion bei verrauschten Daten, SNR=30dB, präsentiert. Ergebnisse für andere Rauschpegel und die 1 Schritt Prädiktion sind ähnlich. Trainings- und Testdatensatz bestehen jeweils aus einer Sequenz mit 750 Datenpunkten. Der Datensatz beschreibt den Signalraum ausreichend gut. Damit ist die Lern- und Repräsentierungsleistung bestimmend für die Güte des Netzes, siehe Abschnitt 4.1.

Typischerweise wurde jedes Netztraining über 650 Durchgänge durch den Datensatz durchgeführt. Es wurde dabei BPTT und Rprop verwendet (Abschnitt 2.5.2, Gleichungen 2.39 und 2.40), mit den Lernparametern: $\eta^+ = 1.20$, $\eta^- = 0.25$, $\triangle_{\max} = 0.1$ und $\triangle_{\text{init}} = 0.001$. Nach Tabelle 2.2, über die Lerngeschwindigkeit, ist der Wert kurz im Vergleich zu dort angeführten ca. 1200 Epochen. Aus den Erfahrungen in Kapitel 2.5 hat sich aber ergeben, daß nach 650 Epochen eine Einschätzung des Lernergebnisses möglich ist. Das bestätigt sich, da sich die evolvierten Netze auch bei längerem Trainieren den Standardstrukturen überlegen erweisen. Die Trainingszeit nimmt fast die gesamte Rechenzeit des Algorithmus in Anspruch, eine Verdoppelung ist deswegen nicht möglich.

Neben der Optimierung RNN wurde im Rahmen eines industriellen Projekts die Optimierung FFNN für angewandte Problemstellungen untersucht. Die Aufgabe bestand darin, einen funktionalen Zusammenhang $f : I\!R^{11} \to I\!R$ aus stark gestörten Daten zu approximieren. Auch bei der Aufgabe waren ausreichend Daten vorhanden. Für FFNN und RNN wurde eine ähnliche Codierung verwendet. Dabei hat sich gezeigt, daß die Ergebnisse bezüglich

Codierung, Rauschen und experimentellem Vorgehen ähnlich sind.

4.5.1 Codierung

Eine der Anforderungen für die Codierung, siehe Abschnitt 4.4, ist die starke Kausalität; sie erfordert Vorwissen über die Auswirkungen der Operatoren auf die Fitnessänderung von Elter zu Nachkomme. Da zumindest die Änderung der Netzstruktur bei direkter Codierung offenkundig ist, im Gegensatz zu indirekter Codierung, wird eine direkte Codierung verwendet. Allerdings wird das Schichtkonzept für den vorwärtskoppelnden Anteil des Netzes beibehalten. Erstens ist bekannt, daß schichtbasierte Standardstrukturen, siehe Abschnitt 2.2.2, gute Lösungen darstellen, zweitens geht mit der Einschränkung auf Schichtstrukturen eine drastische Einschränkung des Suchraums einher und drittens ist aus der Theorie bekannt, daß eine Schicht im Prinzip ausreicht siehe Abschnitt 2.4.

Bezüglich der Rückkopplungen sind alle Verbindungen erlaubt, sowohl FIR als auch IIR (Abb. 2.6), nicht nur zwischen den verdeckten Knoten, sondern auch von und auf Ein- und Ausgabeknoten. Es gibt eine Gedächtnisschicht und eine Beschränkung der Anzahl an Rückkopplungsverbindungen auf 10. Diese wurde eingeführt, um möglicherweise Charakteristika der evolvierten Verbindungen bzgl. der Rückkopplungsstruktur besser feststellen zu können. Konkret ist ein Netz codiert durch:

die Anzahl an Neurone	$: N$,
die Anzahl an Schichten	$: L$,
die Zuordnung jedes Neurons zu einer Schicht	$: l(n)$,

sowie einer Verbindungsmatrix für die Rückkopplungen mit maximal 10 Einträgen und einer Matrix für den vorwärtskoppelnden Anteil entsprechend der Schichteinschränkung. Das heißt für zwei Neurone n_1, n_2 mit $l_1 = l(n_1)$ und $l_2 = l(n_2)$ gilt: eine Verbindung von Neuron n_1 zu Neuron n_2 ist nur möglich, wenn $l_1 < l_2$. Das erlaubt schichtübergreifende Verbindungen, z.B. $l_2 = l_1 + 2$ (oder 3,4,...).

Die Operatoren teilen sich demzufolge auf in solche, die die Neuronenzahl verändern, solche die die Schichtzuteilung ändern und solche, die nur Verbindungen verändern:

Verändern der Neuronenzahl

1. add_neuron1:
   Eine Schicht wird um einen Knoten erweitert, so daß der Knoten aus dem FF Anteil des Netzes genau zwei Eingänge bekommt. Der Knoten hat genau eine Verbindung auf den Netzausgang.

2. add_neuron2:
   Eine Schicht wird um einen Knoten erweitert, so daß der Knoten genau einen Eingang aus dem FF Anteil und genau einen aus dem R Anteil des Netzes bekommt. Der Knoten hat genau eine Verbindung auf den Netzausgang.

3. add_neuron3:
   Eine Schicht wird um einen Knoten erweitert, so daß der Knoten aus dem FF Anteil des Netzes genau zwei Eingänge bekommt. Der Knoten hat genau einen Ausgang aber nicht auf den Ausgabeknoten.

4. add_neuron4:
   Eine Schicht wird um einen Knoten erweitert, so daß der Knoten aus dem FF Anteil des Netzes genau zwei Eingänge bekommt. Der Knoten bekommt genau zwei Ausgaben, davon eine auf den Ausgabeknoten.

5. add_neuron5:
   Eine beliebige Schicht bekommt einen neuen Knoten. Die möglichen neuen Verbindungen werden mit $p = 0.5$ realisiert.

6. remove_neuron1:
   Ein beliebiges Neuron wird entfernt. Jeder alte Eingabeknoten des Neurons wird mit jedem alten Ausgabeknoten des Neurons verbunden (einschließlich Rückkopplungsverbindungen).

7. remove_neuron2:
   Ein beliebiges Neuron wird entfernt. Jeder alte Eingabeknoten des Neurons wird mit jedem alten Ausgabeknoten des Neurons verbunden. Nur 50% der Rückkopplungsverbindungen werden aufgefüllt.

8. remove_neuron3:
   Das Neuron mit den wenigsten Verbindungen einer Schicht mit mindestens zwei Neuronen wird entfernt.

Verändern der Schichtstruktur

1. merge_layers:
   Es werden zwei aufeinanderfolgende Schichten verschmolzen. Die Verbindungen, die zwischen Neuronen der Schichten existierten, werden entfernt. Knoten, die dadurch keine Ein- oder Ausgabe mehr haben, bekommen zufällig neue Ein- oder Ausgabeverbindungen.

2. split_layers:
   Eine Schicht wird in zwei Schichten aufgeteilt. Das verändert die Verbindungsstruktur nicht, erlaubt aber neue Verbindungen.

Verändern der Verbindungsstruktur

1. add_ff_con1:
   Es wird genau eine neue Verbindung im FF Anteil der Netzstruktur, entsprechend der Netzstruktur, hinzugefügt.

2. add_rk_con1:
   Es wird genau eine FIR Rückkopplungsverbindung hinzugefügt.

3. add_rk_con2:
   Es wird genau eine IIR Rückkopplungsverbindung hinzugefügt.

4. remove_ff_con:
   Es wird genau vorwärts koppelnde Verbindung entfernt.

5. remove_rk_con:
   Es wird genau Rückkopplungsverbindung entfernt.

6. move_ff_top:
   Von einer Vorwärtsverbindung wird das Eingangsneuron gewechselt.

7. move_rk_top:
   Von einer Rückkopplungsverbindung wird das Eingangsneuron gewechselt.

8. move_ff_bottom:
   Von einer Vorwärtsverbindung wird das Ausgabeneuron gewechselt.

9. move_rk_bottom:
   Von einer Rückkopplungsverbindung wird das Ausgabeneuron gewechselt.

Im EA wird aus einem Elter ein Nachkommen durch die Anwendung eines einzigen Operators erzeugt, eine Hintereinanderausführung mehrerer Operatoren kam nicht vor. Mit der Wahrscheinlichkeit p_{Knoten} wurde die Anzahl der Knoten geändert und mit der Wahrscheinlichkeit p_{Schicht} die Schichtstruktur. Kam kein Operator dieser beiden Gruppen zu Anwendung, so wurde die Verbindungsstruktur modifiziert. Aus der jeweiligen Gruppe der Operatoren wurden mit gleicher Wahrscheinlichkeit Strukturelemente hinzugefügt wie entfernt, bzw. Schichten verschmolzen wie geteilt. In den jeweiligen Untergruppe von Operatoren, wie z.B. Hinzufügen eines Knotens, wurde gleichverteilt gezogen, wobei auf die Korrektheit des entstehenden Netzes geachtet wurde.

4.5.2 Netzbewertung

Die Bewertung einer Netzstruktur kann unter sehr vielen Gesichtspunkten geschehen. Da hier eine feste Aufgabe gestellt ist, entfällt beispielsweise die Anforderung an die Struktur, sich geänderten Aufgaben anpassen zu können. Ob eine gefundene Netzlösung dennoch auch für andere Prädiktionsaufgaben gut geeignet ist, muß im einzelnen geklärt werden.

Der Prädiktionsfehler einer einzigen Auswertung eines Netzes reicht zur Gütebestimmung nicht aus. Abbildung 4.15 zeigt ein Histogramm über 400 Netzauswertungen eines RNN. Die Streuung der erreichbaren Werte ist sehr groß. Im Vergleich zu diesem Rauschen ist die Variation, die sich zwischen den Verteilungen verschiedener Netze ergibt, gering. Für 3 gute Netze sind die Histogramme über jeweils 400 Auswertungen in Abbildung 4.16 gezeigt. Unterschiedliche Eigenschaften dieser Verteilung können die Anforderung an das zu optimierende Netz beschreiben; wenn z. B. ein Netz gesucht wird, daß sehr zuverlässig lernt, kann vielleicht der Fehlerwert, der bei 90% der Netzauswertungen unterschritten wird, ein gutes Maß sein. Ist andernfalls ein Netz gesucht, daß bei zehnmaligem Auswerten mindestens ein gutes Ergebnis erreicht, so ist möglicherweise der Fehlerwert, der bei 10% der Auswertungen unterschritten wird, ein Gütekriterium. Die Anzahl N an Auswertungen, die nötig ist, um bei einem Fehler von höchstens α mindestens eine Auswertung in der Stichprobe zu haben, die aus den besten $x \cdot 100\%$ stammt, läßt sich fol-

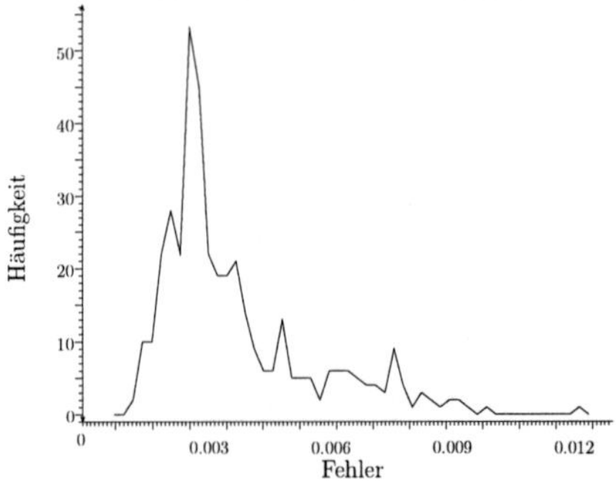

Abbildung 4.15: Histogramm der Lernergebnisse eines Netzes bei 400 zufälligen Initialisierungen. Für die Prädiktionsaufgabe siehe Anfang 4.5.

gendermaßen berechnen (Iyer und Rhinehart 1999): Sei Z die Zufallsvariable der Fitnessauswertungen eines Individuums mit Verteilungsfunktion:

$$F(z) = P\{Z \leq z\} = \int_{-\infty}^{z} p_Z(t)\mathrm{d}t \quad .$$

Dann ist $y = F^{-1}(x)$ der Fitnesswert, der die besten $x \cdot 100$ % der Auswertungen von den schlechteren trennt, und $P\{Z \leq y\} = x$. $Z_{1:N}$ sei die Zufallsvariable der Besten von N unabhängigen Auswertungen. Gefragt ist nach der Wahrscheinlichkeit, daß die beste von N Auswertungen mindestens so gut ist wie y:

$$P\{Z_{1:N} \leq y\} = 1 - P\{Z_{1:N} > y\} = 1 - [P\{Z > y\}]^N = 1 - [1 - x]^N$$

Darf der Fehler höchstens α betragen, dann muß gelten:

$$1 - [1 - x]^N \geq (1 - \alpha) \quad \Rightarrow \quad N \geq \frac{\ln \alpha}{\ln(1 - x)} \quad .$$

Um innerhalb eines Fehlers von 10% eine Auswertung aus den 10% besten Fitnessauswertungen zu haben, müssen mindestens 22 Auswertungen vorgenommen werden. Das heißt, es ist aufwendig, Aussagen über den Randbereich

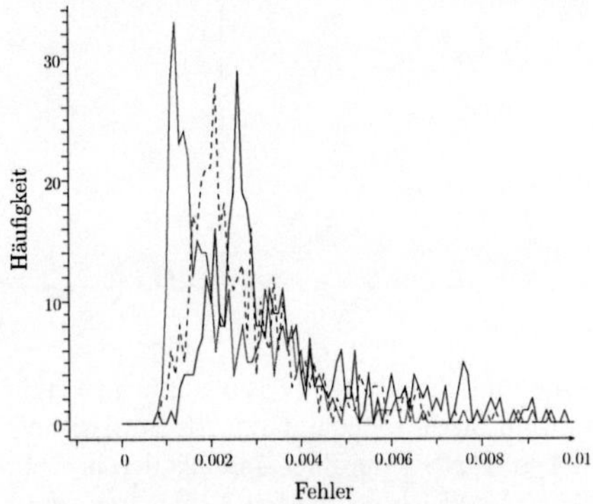

Abbildung 4.16: Histogramm der Lernergebnisse dreier Netze bei jeweils 400 zufälligen Initialisierungen. Für die Prädiktionsaufgabe siehe Anfang 4.5.

einer Verteilung zu machen, daher ist hier das Ziel, daß die Netze im „Mittel" gut lernen sollen.

In Abbildung 4.16 sind für 3 gute Netze Histogramme über 400 Lernauswertungen gezeigt (Aufgabenstellung entsprechend 4.5). Es fällt auf, daß die Verteilungen asymmetrisch sind und einen Anteil hoher Fehlerwerte aufweisen, auch jenseits des gezeigten Bereiches gibt es weitere, seltene Ausreißer mit Fehlerwerten bis 0.09. Um im „Mittel" gutes Lernen zu bewerten, sind daher für die gezeigten 3 Verteilungen der Median und der Mittelwert als Kriterien für die Unterscheidung von Stichproben miteinander verglichen: Dazu sind 5000 zufällige Stichproben der Größe $k = 1, \ldots, 75$ aus den 400 Auswertungen gezogen, und über Mittelwert bzw. Median miteinander verglichen worden. Der Anteil falscher Zuordnungen zwischen der besten und der mittleren, bzw. der besten und der dritten Verteilung in Abbildung 4.16 wurde ausgezählt. Die Ergebnisse sind in Abbildung 4.17 gezeigt. Über die gesamte Stichproben der jeweils 400 Daten ergibt sich:

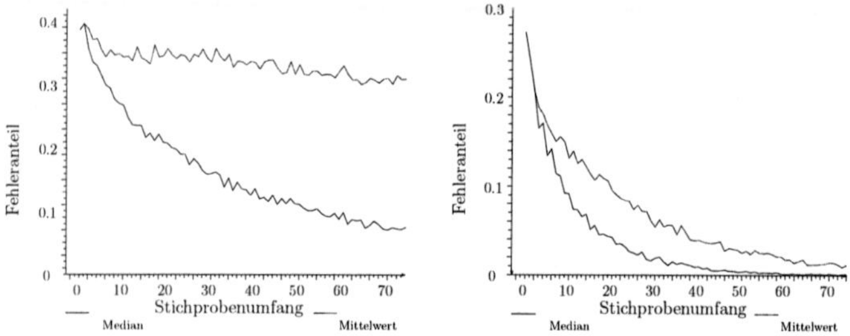

Abbildung 4.17: Anteil falscher Rangzuweisungen beim Vergleich zweier Netze in Abhängigkeit vom Stichprobenumfang. Als Statistiken sind Mittelwert und Median verglichen. Die Stichproben sind aus den in Abb. 4.16 gezeigten Auswertungen. Links: Vergleich des besten Netzes mit dem mittleren Netz, rechts: Vergleich des besten Netzes mit dem dritten Netz.

	arithmetisches Mittel	Median
bestes Netz :	0.00275	0.00200
mittleres Netz :	0.00291	0.00243
drittes Netz :	0.00370	0.00300 .

Man sieht erstens, daß der Mittelwert zur Diskriminierung sehr viel schlechter geeignet ist als der Median. Selbst bei großen Stichprobenumfängen kann zwischen dem besten und dem mittleren Netz über den Mittelwert nur in 2/3 der Fälle richtig entschieden werden (Zufallsentscheidung: 1/2). Zweitens drückt die Kurve aus, wie problematisch es auch über den Median ist, Netze zuverlässig zu unterscheiden. Welches Maß an Zuverlässigkeit nötig ist, hängt von der Fitnesslandschaft ab, vgl. Gleichung 4.9. Gibt es nur sehr wenig Verbesserungen durch die Suchoperatoren, so muß die Selektionssicherheit hoch sein. Ansonsten kann es vorkommen, daß im evolutionären Verlauf wegen der Vielzahl geringfügig schlechterer Lösungen eine gemächliche, aber fortwährende Verschlechterung eintritt.

Um dem Dilemma der unzuverlässigen Schätzungen zu entgehen, wird häufig eine elitistische Strategie angewendet, d. h. Elternindividuen werden in die Selektion mit einbezogen, und ihre Fitness wird in der nächsten Generation nicht neu ausgewertet. Wenn in einer solchen Strategie ein Individuum einmal einen sehr guten Fitnesswert erreicht, wird es sich lange im evolutionären Lauf halten. Abbildung 4.16 zeigt, daß die besten Auswertungen der drei Netze ungefähr gleich gut sind, wenngleich unterschiedlich häufig. D. h. das Netz, von dem zuerst eine besonders gute Auswertung erfolgt, bestimmt den Suchprozess für die nächsten Generationen mit. Aus der Statistik ist dieses Problem bekannt: die Rauschverteilung der Stichproben der bereits selektierten Individuen ist anders als die beim erstmaligen Auswerten. Ein Ausweg wäre es, die Eltern nach der Selektion erneut auszuwerten. Doch damit wird das Problem der hohen Zahl an Fitnessauswertungen nicht gebessert. Ein statistisch auch nicht einwandfreier Ausweg wurde für die meisten der folgenden Experimente beschritten: Die einmal ermittelten Auswertungen werden beibehalten, aber um weitere ergänzt. Die Gesamtzahl der Auswertungen ist nach oben beschränkt, in den Simulationen auf maximal 75.

4.5.3 Experimente

Der letzte ausstehende Bestandteil für die SORNN ist das Selektionsverfahren. In Abschnitt 4.3.3, und im letzten Absatz wurde auf den Zusammenhang zwischen Selektion und Rauschen eingegangen. Eine rangbasierte Selektion mit geringem Selektionsdruck scheint vorteilhaft. Außerdem sollen einmal gefundene, gute Lösungen erhalten bleiben; die oben angesprochene Form des Elitisten, der zusätzliche Auswertungen erfährt, kommt zum Einsatz.

Ein rangbasiertes Verfahren, bei dem der Selektionsdruck gut eingestellt werden kann, ist die aus dem Evolutionären Programmieren übernommene Turnier-Selektion (Fogel 1995). Selektiert wird dabei aus der Population $P = P_E \cup P_N$, d. h. aus Eltern und Nachkommen zusammen. Dabei werden für jedes Individuum aus der Population P zufällig T weitere Individuen aus derselben Population gezogen. In dieser Gruppe wird verglichen, wie oft das Individuum besser oder mindestens gleichgut ist wie die T zugelosten Individuen. Für jeden Vergleich, den es gewinnt, bekommt das Individuum einen Punkt. Die μ besten Individuen bilden die nächste Elterngeneration. Ein Individuum ist besser als ein anderes, wenn es mehr Punkte hat, oder bei Punktgleichstand den besseren Fitnesswert hat. Dieses Selektionsverfahren ist elitistisch, d. h. das beste Individuum aus P wird auf jeden Fall selektiert. Das schlechteste Individuum wird auf keinen Fall selektiert. Je größer die Turniergröße T ist, desto geringer ist die Wahrscheinlichkeit für ein schlechteres Individuum zu überleben.

Es kommt vor, daß isomorphe Netze in der Population sind, daß zwei

Individuen denselben Graphen repräsentieren, oder daß Netze neu erzeugt werden, die bereits ausgewertet wurden. Um in diesen Fällen die Netze nicht neu auszuwerten, werden die Netze auf einen kanonischen Graphen abgebildet und in einer Datenbank samt ihrer Auswertungen abgelegt. Zur Abbildung eines RNN auf einen kanonischen Graphen wird im ersten Schritt das RNN eindeutig auf einen gerichteten Graphen abgebildet, und für den Graphen wird dann ein kanonischer Graph bestimmt. Im ersten Schritt muß darauf geachtet werden, daß bei einem RNN von einem Knoten zu einem anderen Knoten zwei unterschiedliche Verbindungen existieren können, eine vorwärtskoppelnde und eine mit einem Zeitschritt Verzug. Folgende Abbildung leistet diese Anforderung und die der Eindeutigkeit: Sei $\mathcal{N}$ ein RNN mit n Neuronen und einer Gedächtnisschicht. Die Verbindungsmatrixen heißen $\mathcal{F}$ für den vorwärtskoppelnden Anteil und $\mathcal{R}$ für den mit Zeitverzögerung. $[x, y] \in \mathcal{F}$ bzw. $[x, y] \in \mathcal{R}$ bezeichnet die Verbindungen von Knoten x zu y. Die Abbildung $\phi(\cdot)$ erzeugt einen gefärbten Graphen mit $2n$ Knoten. Die Menge der Kanten des Graphen $G_{\phi,\mathcal{N}} = (V_{\phi,\mathcal{N}}, E_{\phi,\mathcal{N}})$ ergibt sich ausgehend von $E_{\phi,\mathcal{N}} = \emptyset$:

$$\begin{aligned}
\forall\,[x,y] \in \mathcal{F}: \quad E_{\phi,\mathcal{N}} &= E_{\phi,\mathcal{N}} \cup \{\ [x,y]\ \} \\
\forall\,[x,y] \in \mathcal{R}: \quad E_{\phi,\mathcal{N}} &= E_{\phi,\mathcal{N}} \cup \{\ [n+x, n+y]\ \} \\
\forall\, x \in V_{\phi,\mathcal{N}}: \quad E_{\phi,\mathcal{N}} &= E_{\phi,\mathcal{N}} \cup \{\ [x, n+x]\ \}
\end{aligned}$$

Die Färbung $\pi_{\phi,\mathcal{N}}$ sorgt für die korrekte Zuordnung der Knoten zur Gedächntisschicht bzw. zum vorwärtskoppelnden Anteil, außerdem wird das Eingangs- und das Ausgangsneuron gekennzeichnet:

$$\pi_{\phi,\mathcal{N}} = (\{0\}, \{1, \ldots, n-2\}, \{n-1\}, \{n\}, \{n+1, \ldots, 2n-2\}, \{2n-1\})$$

Die Abbildung kann auf RNN mit mehreren Gedächtnisschichten verallgemeinert werden (Stagge und Igel 2000b).

Das Berechnen kanonischer Graphen und das Bereitstellen einer Datenbank ist nur effizient, solange das Trainieren der Netze wesentlich länger dauert als das Berechnen der Graphen und das Suchen in der Datenbank. Das Trainieren eines Netzes dauert zwischen 15 und 120 Sekunden, abhängig von der Netzgröße und der Anzahl an Verbindungen im Netz. Beim Mehrfachauswerten braucht der kanonische Graph nur einmal erzeugt zu werden, was auch für große Graphen (bis zu 100 Knoten) nicht länger als 100 μsec

dauert. Der mit der Graphdatenbank verbundene Rechenaufwand ist durch die Erkennung weniger Netze mehr als aufgegolten.

Die Zeiten für die Auswertung belegen weiterhin, daß eine statistische Validierung der Ergebnis über eine Vielzahl an Läufen nicht möglich ist. Auch ein systematisches Variieren der Codierung, der Selektion oder anderer Randbedingungen ist nicht machbar. Ein typischer evolutionärer Lauf dauert auf einer SUN ULTRA etwa eine bis drei Wochen.

Folgende Einstellungen wurden für die Experimente gemacht:

Populationsgröße der Eltern :	$\mu = 14$,
Populationsgröße der Nachkommen :	$\lambda = 14$,
Turniergröße der Selektion :	$T = 3, 5$ oder 6 ,
Anzahl an Generationen :	300 ,
Maximalzahl an Rückkopplungen :	10 ,
Maximalzahl an Schichten :	$L = 3$ oder 4 ,
Mutationswahrscheinlichkeit f. Neuronen :	$p_{\text{Knoten}} = 0.18$,
Mutationswahrscheinlichkeit f. Schichten :	$p_{\text{Schicht}} = 0.18$.

Der Wert $p_{\text{Schicht}} = p_{\text{Knoten}} = 0.18$ hat sich im Verlauf der Arbeit ergeben und ist meist beibehalten worden. Ein Verbindungsoperator wird angewandt, wenn keiner der anderen Operatoren gezogen wurde, d. h. das Individuum wird auf jeden Fall mit einem Operator modifiziert. Die sich zeigenden unterschiedlichen Längen einiger Läufe liegen daran, daß Simulationen zuweilen abgebrochen wurden, wenn keine wesentlichen Veränderungen mehr erwartet wurden. Die Fitness ist der Median über die Fehlerauswertungen.

In Abbildung 4.18 ist der Fitnessverlauf über die Generationen einer Simulation gezeigt, bei dem folgende Parameter gesetzt waren: $T = 5, L = 3, p_{\text{Knoten}} = p_{\text{Schicht}} = 1/14$. Die Fitness ist der Median über 5 Auswertungen. Wesentlich für den Lauf ist, daß nach der elitistischen Selektion jedes Elter neu ausgewertet wurde, wiederum 5 mal, die alten Auswertungen wurden gelöscht. Man erkennt, daß die Fitness des Besten bis Generation 70 rasch abnimmt. Dieses Verhalten ist typisch und wurde auch für weitere Läufe mit gleicher Einstellung beobachtet. Nach dem Abfall kann die Fitness dabei entweder fluktuieren oder auch wieder steigen. Dieser Abfall des Fehlers sieht sehr vielversprechend aus; einige der Netze wurden daraufhin 50 mal ausgewertet, um das Lernvermögen besser einschätzen zu können. Der Median dieser Werte ist in Abbildung 4.18 extra markiert. Man erkennt deutlich, daß die Netze nicht generell gut sind, die Mediane über die 50 Auswertungen liegen weit über den Fitnesswerten. Die Netze sind offenkundig nur deswegen

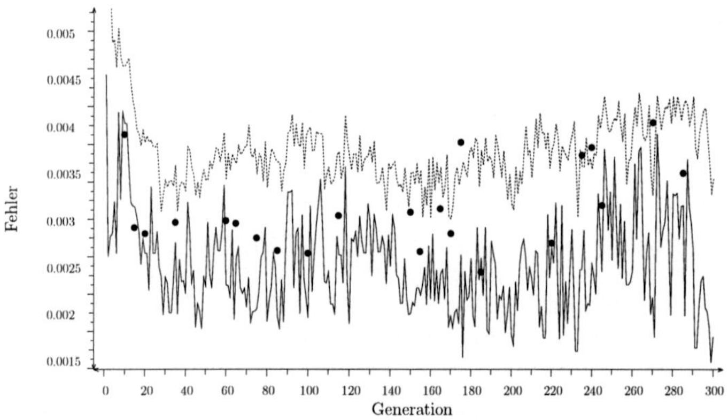

Abbildung 4.18: Fitness des besten Individuums (durchgezogen) und mittlere Fitness der Elterngeneration (gestrichelt). Einige der besten Netze wurden zusätzlich 50 mal ausgewertet und die Medianwerte sind als • hinzugefügt.

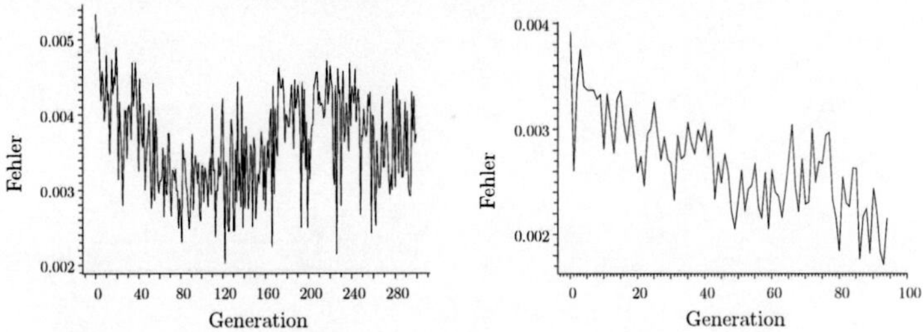

Abbildung 4.19: Fitness des besten Individuums pro Generation während des Evolutionsverlaufs. Links: Fitness ist der Median über 5 Auswertungen. Die Fitness ab Generation 120 steigt deutlich wieder an. Rechts: Fitness ist der Median über 10 Auswertungen.

in einer Generation Beste gewesen, weil sie 5 entsprechend günstige Auswertungen hatten. Ein Indiz für dieses Verhalten ist auch die hohe Fluktuation des Fitnessverlaufs.

6 von 7 Läufen zeigen ein solches Verhalten (nur bei 3 wurden die zusätzlichen Auswertungen gemacht). Bei dem siebten Lauf kann man ganz deutlich erkennen, siehe linke Abb. 4.19, daß der Fehler über Generationen hinweg insgesamt drastisch ansteigt, wie in Abschnitt 4.3.1 diskutiert. Bei einer elitistischen Strategie ohne Rauschen wäre das nicht möglich.

Abbildung 4.16 zeigt, daß 5 Auswertungen so wenig sind, daß häufig falsch selektiert wird. Auch 10 faches Auswerten verbessert die Situation nicht wesentlich. In der rechten Abb. 4.19 ist ein solcher Evolutionsverlauf gezeigt, allerdings leicht verändert mit $T = 3$ und $p_{\text{Knoten}} = p_{\text{Schicht}} = 0.18$. Dieser Lauf wird im Zusammenhang mit der Zufallssuche nochmal besprochen.

An diesen Experimenten erkennt man, daß der naive Zugang, den Median über 5/10 Netzauswertungen als Fitness zu nehmen, nicht zu dem gewünschten Ziel eines Netzes, das im Mittel gut lernt, führt. Die deutliche Verbesserung in der Fitness zeigt allerdings, daß evolutionär durchaus optimiert wurde. Die Aussage, die man der Graphik entnehmen kann, besagt, daß in den entstandenen Populationen Individuen vorkommen, die bei 5/10 fachem Auswerten gute Ergebnisse erzielen können. Man kann sich vorstellen, daß für die Individuen die Verteilung der einzelnen Netzauswertungen beispielsweise

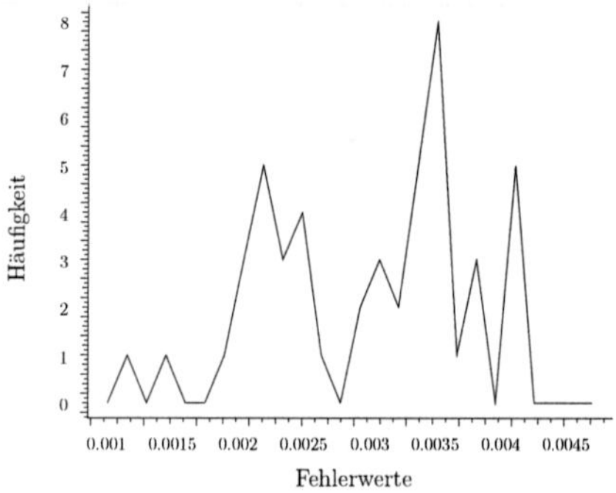

Abbildung 4.20: Histogramm über 50 Netzauswertungen vom besten Individuum in der Generation 245 in Abb. 4.18.

aussieht wie in Abb. 4.20. (das wäre eine realistische Version der bimodalen Verteilung aus Abschnitt 4.3.3). Viele Fitnessauswertungen wären dann schlecht, aber es gäbe ausreichend gute Fitnessauswertungen. In diesem Fall müßte der Mittelwert der Fitness der Eltern wesentlich höher als das Minimum sein, was sich auch im Experiment, siehe rechte Abb. 4.18, zeigt.

Um Netze zu erhalten, die im Mittel gut lernen, wurden bei weiteren Simulationen die Netzauswertungen der Eltern auch nach der Selektion beibehalten und für die nächste Selektion um 5 weitere Auswertungen ergänzt. Die Zahl der Auswertungen ist auf maximal 75 beschränkt. Der Median über die gemachten Auswertungen ist wiederum die Fitness. Dabei ist $T = 3, L = 3$ und $p_{\text{Knoten}} = p_{\text{Schicht}} = 0.18$. Das Ergebnis eines solchen Laufs ist in Abb. 4.21 dargestellt, links die beste Fitness, rechts der Mittelwert über die Fitness der Elternpopulation. Wie in den vorigen Experimenten ist auch hier in den ersten Generationen eine schnelle Zunahme der Netzgüte zu beobachten. Im Verlauf der Optimierung übernimmt eine Netzstruktur die Elternpopulation. Nachkommen, die für wenige Generationen besser sind, werden in diesen Generationen zusätzlich ausgewertet und können sich nicht behaupten. Durch den Elitismus mit Beibehalten der Fitnesswerte wird der Lauf stabiler, solche Fitnessverschlechterungen wie in Abb. 4.19 links sind nicht beobachtet worden. Allerdings konvergiert der Lauf auf eine Lösung, und wenn die 75

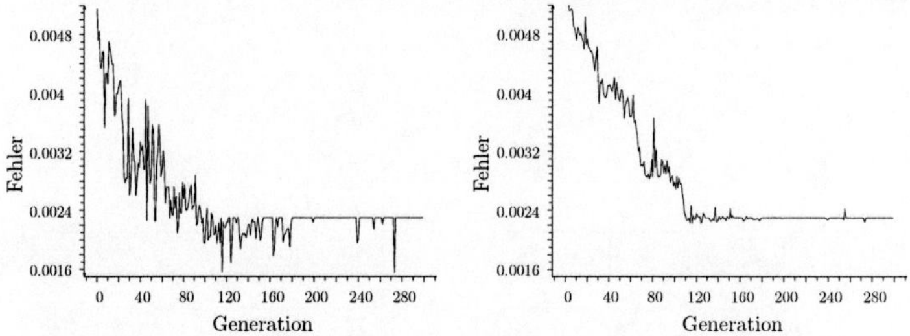

Abbildung 4.21: Evolution mit Weiterlernen der Elitisten bis zu maximal 75 Netzauswertungen. Links: Fitness des besten Individuums, rechts: mittlere Fitness der Elternpopulation.

mal ausgewertet ist, stagniert die Optimierung in einem kleinen Suchraum.

Weitere Läufe mit dieser Initialisierung und denselben Parametern zeigen ähnliches Verhalten. Auch für die in Abb. 4.22 gezeigten Simulationen wurden einige Netze 50 mal ausgewertet, allerdings über 1000 Epochen gelernt und nicht wie während der Evolution über 650 Epochen. Der Median dieser Auswertungen ist mit einem • markiert mit eingetragen. Diese Werte dienen zum Vergleich mit den Lernergebnissen einer Standardstruktur.

Ein Vergleich der Medianwerte eines Standard-Elman Netzes mit 8 verdeckten Neuronen zu dem gefundenen, optimierten Netz mit ebenfalls 8 verdeckten Neuronen über 400 Netzauswertungen über jeweils 1000 Epochen ergibt eine Medianwert von 0.00183 für das optimierte Netz im Vergleich zu 0.00177 für die Standardstruktur. Die Standardstruktur ist zwar etwas besser, aber dafür ist auch die Anzahl an Verbindungen erheblich höher: 29 vorwärtskoppelnden Verbindungen und 10 rückkoppelnden Verbindungen des adaptierten Netzes stehen 27 vorwärtskoppelnde und 64 rückkoppelnde Verbindungen des Elman Netzes gegenüber. Die Beschränkung der Anzahl von Rückkopplungsgewichten wurde hier der Vergleichbarkeit wegen für alle Versuche beibehalten. Ein kleineres Elman Netz mit 6 verdeckten Knoten hat entsprechend 21 und 36 Gewichte und erreicht über 50 Auswertungen einen Median von 0.00274 (siehe Abschnitt 3.4).

Das optimierte Netz ist in Abbildung 4.23 dargestellt, links die Verbindungen ohne Zeitverzug, rechts die Verbindungen mit Verzug. Man sieht

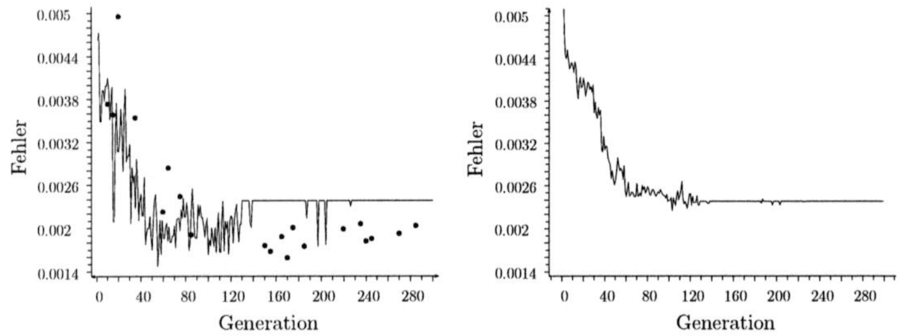

Abbildung 4.22: Evolution mit Weiterlernen der Elitisten bis zu maximal 75 Netzauswertungen. Links: Fitness des besten Individuums mit eingetragenen Medianwerten über 50 Netzauswertungen (jede Auswertung allerdings über 1000 Lernepochen statt den 650 während der Evolution), rechts: mittlere Fitness der Elternpopulation.

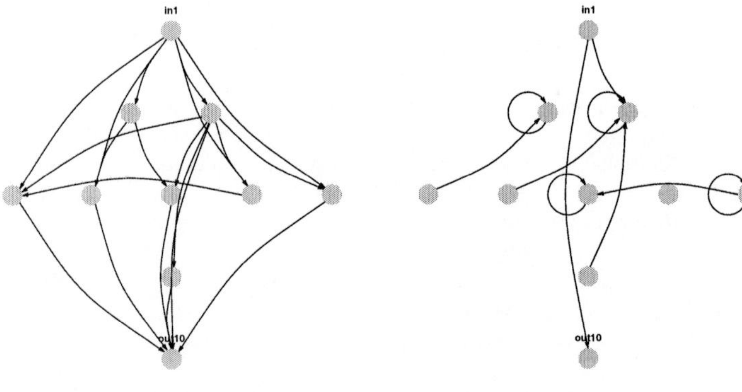

Abbildung 4.23: Verbindungsstruktur des finalen Netzes aus Abb. 4.22. Links die vorwärtskoppelnde Schicht, rechts die Verbindungen mit Zeitverzug.

zwei zeitverzögerte Verbindungen vom Eingangsknoten des RNN, d. h. es wird von dem letzten Vergangenheitswert der Eingabe explizit Gebrauch gemacht. Dennoch schneidet das Netz besser ab, als ein FFNN. In Abschnitt 3.4 wurden für dieselbe Aufgabe vorwärtsgekoppelte Netze mit drei Eingängen und einer verdeckten Schicht ausgewertet und dabei viele Einbettungsparameter ausgetestet. Der beste Medianwert für eine 3-4-1 FFNN Struktur war dabei: 0.00236.

Ein Vergleich der optimierten Netze mit einer Zufallsuche im Raum der Netze fällt schwer, da die Netze zum Vergleich häufig ausgewertet werden müßten. Daher wird als Vergleich nur der Median über 10 Auswertungen durchgeführt. D. h. die Stichprobe ist noch immer so klein, daß ein zufällig gezogenes Netz mit günstig gezogenen 6 guten Auswertungen und 4 schlechten Auswertungen einen kleinen Medianwert hat. Der Vergleich wird mit einem evolutionären Lauf gezogen, wo die Netze 10 fach ausgewertet wurden, und die Fitness der Eltern nach der Selektion erneut bestimmt wurde, siehe rechte Abb. 4.19 (Parameter $T = 3, L = 3$, sonst wie in der Standardeinstellung). Zur Zufallssuche wurden Netze mit bis zu drei Schichten und bis zu 10 Neuronen gezogen. In den evolutionären Läufen wurden nie Netze mit mehr als 14 Neuronen erzeugt, Netze mit mehr als 11 Neuronen sehr selten, so daß die Einschränkung gerechtfertigt erscheint. Ein Histogramm über die 3200 Fitnesswerte der Zufallssuche, etwa der Länge eines evolutionären Verlaufs, ist in Abb. 4.24 gezeigt, der beste Medianwert liegt bei: 0.00251. In der rechten Abb. 4.19 erkennt man, daß viele evolutionär erzeugten Netze diesen Wert unterschreiten. Zumindest bezüglich dieser Aufgabenstellung läßt sich somit zeigen, daß vom EA bessere Lösungen gefunden werden als bei einer Zufallssuche.

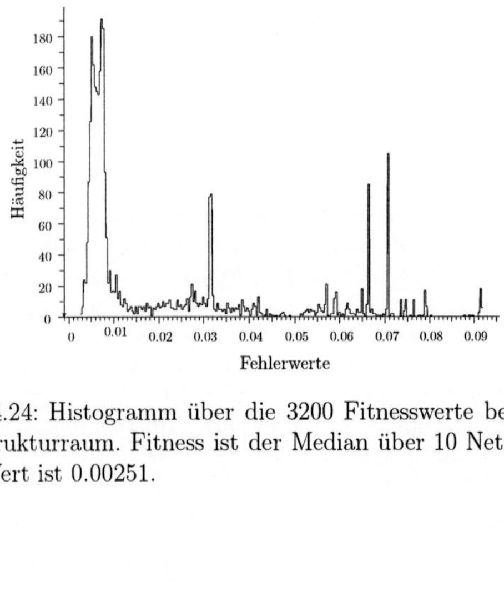

Abbildung 4.24: Histogramm über die 3200 Fitnesswerte bei einer Zufallssuche im Strukturraum. Fitness ist der Median über 10 Netzauswertungen. Der beste Wert ist 0.00251.

Kapitel 5

Zusammenfassung und Diskussion

Diese Arbeit behandelt die Eigenschaften nicht relaxierender rückgekoppelter neuronaler Netze sowie evolutionäre Optimierungsmethoden zu deren Entwurf. Auf beiden Gebieten sind konstruktiv handhabbare Methoden aus der Theorie nicht verfügbar. Daher wurde der Weg eingeschlagen, über die Lösung spezieller Aufgaben konzeptionelle Eigenschaften zu untersuchen und Herangehensweisen zu entwickeln.

Die Einführung rückgekoppelter Netze geschieht hier nicht über eine algorithmische Einteilung oder über eine Systematisierung der Verbindungsstruktur, sondern im Kontext dynamischer Systeme. Die in der Arbeit behandelten nicht relaxierenden rückgekoppelten Netze sind aufgrund ihrer Verarbeitungsstruktur für die Prädiktion und Modellierung von Zeitreihen besonders geeignet. Die Standard-Strukturen wurden dabei um zwei Strukturaspekte erweitert und die Methode zum Lernen des Netzes auf diese allgemeinere Struktur angepaßt.

Die gewählte Grundstruktur rückgekoppelter neuronaler Netze findet nur zögerlich Eingang in den Bereich anwendungsorientierter Verfahren, obwohl sie, wie in Kap. 2.3 beschrieben, Standardverfahren aus der linearen Theorie systematisch fortsetzt. Die nur schwer oder gar nicht direkt interpretierbare Struktur der Netze mag dafür ein Grund sein.

Verständnis über die Informationsverarbeitung in den Netzen ist daher in dieser Arbeit über ihre Funktionalität, über die Prädiktionsaufgabe erzielt worden. Dabei vermittelt das eingeführte Maß der impliziten Einbettung Einblick in die Aufgabenabhängigkeit des Strukturierungsvorgangs während des

Lernens. An Beispielen wurde nachgewiesen, daß für eine erfolgreiche Prädiktion die Repräsentation der Signaldaten von der gewählten Modellstruktur und der Aufgabe abhängen muß; sowohl für RNN als auch für die Standardstrukturen.

Da eine analytische Lösung dieser Problemstellung nicht möglich ist, muß entweder der Raum der möglichen Rekonstruktionen systematisch abgesucht werden, oder wie im Falle der rückgekoppelten Netze ein selbstorganisierter Prozeß ermöglicht werden. Die angestellten Überlegungen und Experimente haben gezeigt, daß die gängigen Standardverfahren zur Bestimmung einer guten Rekonstruktion bei der Lösung dieses Problems versagen.

In dieser Hinsicht sollten rückgekoppelte Netze als Erweiterung des klassischen Methodenspektrums etabliert werden. Die Probleme bei deren theoretischer Analyse, z. B. im Bereich der Statistik, sind kein probates Argument, um die Weiterentwicklung auszusetzen. Abhilfe können möglicherweise solide experimentelle Vergleiche schaffen. Der Rahmen hierfür verlangt allerdings eine systematische Klassifizierung nichtlinearer Beispielprobleme, bezüglich derer Untersuchungen durchgeführt werden könnten. Die Entwicklung von angepaßten Netzstrukturen wäre dann für solche Problemklassen möglich.

Methoden zum Finden angepaßter Strukturen mit evolutionären Algorithmen sind der zweite Schwerpunkt dieser Arbeit. Dabei wurde der Umgang mit verrauschten Fitnessfunktionen anhand von Modellen und im Zusammenhang mit der Optimierung der Netzstruktur untersucht.

Die eingeführten Modelle zeigen die Auswirkungen des Rauschens; in ihnen wird der Bezug zwischen evolutionärer Optimierung, Rauschen und der Topologie der Fitnesslandschaft evident. Die Topologie der Fitnesslandschaft ist im Vorfeld einer Optimierung nicht bekannt, und die relevanten Gebiete der Fitnesslandschaft während der Suche können unterschiedliche Charakteristika aufweisen. Daher ergibt sich der Ansatz zur Adaptation des evolutionären Verfahrens im Verlauf der Optimierung. Eine Möglichkeit dazu, die in dieser Arbeit entwickelt wurde, ist die automatische Anpassung der Zahl an Mittelungen zur Fitnessauswertung in Abhängigkeit des Rauschens und der Fitnessunterschiede innerhalb der Population vermöge statistischer Tests.

Weitere Selbstadaptationsmechanismen für evolutionäre Algorithmen sind meines Erachtens ein wichtiger Forschungsgegenstand. Dazu sollten nicht nur Algorithmen vorgeschlagen, sondern auch die Grundvoraussetzungen für die Selbstadaptation untersucht werden.

Die durchgeführte Analyse der direkten Codierung für die Strukturoptimierung neuronaler Netze hat eine wenig beachtete Eigenschaft dieser vermeintlich „trivialen“ Codierung zum Ausgangspunkt: Die Existenz isomorpher Strukturen erzeugt eine Vorzugsrichtung im Suchraum. Das widerspricht einer der wenigen Grundregeln für das Aufstellen evolutionärer Algorithmen. Die vorgeschlagene Methode aus der Graphtheorie zur Analyse des Problems ist geeignet, um auch für andere Strukturoptimierungsprobleme solche Merkmale einer Codierung zu erfassen. Außerdem bieten kanonische Graphen eine Möglichkeit zur Handhabung von Teilaspekten dieses Problems.

Die Umsetzung der Erkenntnisse auf die Optimierung der Netztopologie zeigt, wie wesentlich die Untersuchung des Rauschens ist. Das hohe Maß an Rauschen kann bei einem ungeschickt parametrisierten evolutionären Algorithmus dazu führen, daß nur scheinbar gute Netztopologien gefunden werden. In diesem Zusammenhang sind daher die durchgeführten Betrachtungen zur Strukturbewertung und zur Neuauswertung von Elitisten bedeutsam. Es ist verwunderlich, daß sich keine der mir bekannten Arbeiten mit diesem Problem der evolutionären Topologieoptimierung neuronaler Netze beschäftigt. Ohne Beachtung dieser Eigenschaften bestimmen potentiell Artefakte und Ausreißer des Lernvorgangs den Evolutionsverlauf. Der zusätzliche Aufwand, der für die Verbesserung der Methode betrieben werden muß, ist allerdings beträchtlich.

In den dargestellten Experimenten wird eine signifikante Verbesserung der Lernfähigkeit der Netze erreicht. Für ein Projekt aus der industriellen Anwendung wurden die Verfahren auch auf vorwärtsgekoppelte Netze angewandt. Auch hier konnte eine deutliche Verbesserung der Güte erzielt werden.

Eine Übertragung und Weiterentwicklung der Verfahren zur Optimierung der Generalisierungsfähigkeit erscheint mir sinnvoll. Dabei würde die Struktur als Mittel der Komplexitätsreduktion aufgefaßt, siehe Abschnitt 4.1. Der geschickte Umgang, d. h. Austausch von Trainingsdaten und Daten zur Bestimmung der Fitness, entspräche dabei einer „stochastischen“ Kreuzvalidierung. So könnte das sehr aufwendige Konzept der Kreuzvalidierung zusammen mit der Generationen-basierten evolutionären Optimierung in einem Zug durchgeführt werden.

Für die Verbindung der Gebiete Strukturoptimierung und Generalisierung und die Übertragung auf andere Anwendungsgebiete und Randbedingungen kann die vorliegende Arbeit einen Ausgangspunkt darstellen.

Anhang A

Zeitreihen

Zur Prädiktion und Modellierung werden in dieser Arbeit Zeitreihen von vier verschiedenen Systemen genutzt. Drei entstammen dabei der Integration jeweils dreidimensionaler Differentialgleichungen, zwei Differentialgleichungen von Lorenz (1963, 1984), sowie eine Gleichung von Rössler (1976). Die vierte Zeitreihe stammt von der Messung der Intensitätsfluktuation eines Lasers, beschrieben in (Gershenfield und Weigend 1993).

Die Differentialgleichungen wurden mit einem Runge-Kutta Verfahren vierter Ordnung (Press, Teukolsky, Vetterling, und Flannery 1995) numerisch integriert. Bei den gewählten Parametern erzeugen die Gleichungen niedrigdimensionale chaotische Attraktoren.

Der Rössler Gleichung wurde als Beispielsystem für chaotische Attraktoren aufgestellt (Peinke, Parisi, Rössler, und Stoop 1992), sie dient nicht zur Modellierung physikalischer Zusammenhänge. Die Lorenz Differentialgleichungen hingegen haben sich bei der Modellierung metereologischer Aspekte ergeben; allerdings ist das hier verwendete chaotische Parameterregime in einem anderen Bereich als die Parameter der ursprünglich abgeleiteten Gleichung. Es hat sich aber gezeigt, daß andere physikalische Systeme in ihrem relevanten Parameterregime durch die Lorenz Gleichungen im chaotischen Bereich beschrieben werden können. Das ist erstens eine Beschreibung eines Lasers (Haken 1990) und zweitens eine Modellierung der Dynamik der Ausrichtung des Erdmagnetfelds (Jackson 1991).

Für die Modellierung und Prädiktion hier ist wichtig, mit welchem Zeitabstand die Zeitreihen diskretisiert wurden. Sehr kleine Abstände führen dazu, daß eine lineare Funktion zur Prädiktion bereits kleine Fehler erreicht, aber das Gesamtverhalten des Systems von einem Modell nur schlecht erfaßt wird.

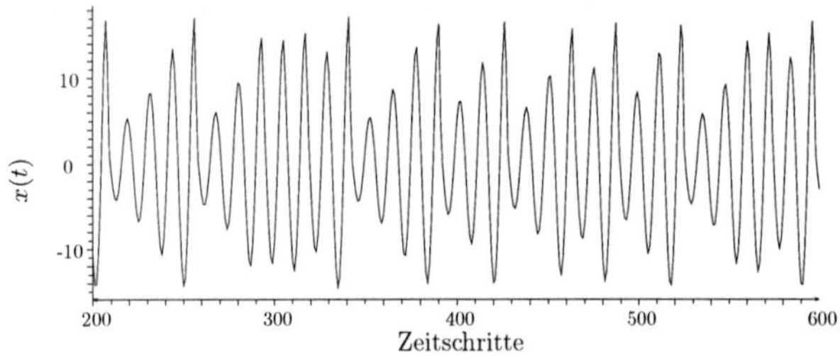

Abbildung A.1: Zeitreihe der x Koordinate des Rössler Attraktors über 400 Datenpunkte mit einem Abtastintervall von $\delta t = 0.5$.

Um eine Eindruck von den Zeitreihen zu bekommen, sind die Gleichungen und Ausschnitte aus den Zeitreihen in den nächsten vier Abschnitten dargestellt.

Rössler System

Das Rössler System wurde so entworfen, daß die Eigenschaften, die in einem kontinuierlichen dynamische System zu chaotischen Verhalten führen, explizit die Differentialgleichung bestimmen:

$$\begin{aligned}\dot{x}(t) &= -y(t) - z(t)\\ \dot{y}(t) &= x(t) + a \cdot y(t)\\ \dot{z}(t) &= b + z(t) \cdot (x(t) - c)\end{aligned}$$

Die verwendeten Konstanten sind: $a = 0.15$, $b = 0.2$ und $c = 10$. Die Gleichung wurde mit einer Schrittweite von $\triangle t = 0.1$ numerisch integriert. Die x und y Koordinate bilden im wesentlichen eine Spiraldynamik mit wachsender Amplitude. In diesem Bereich wachsen benachbarte Trajektorien auseinander. Damit der Phasenraum beschränkt bleibt, wird über einer bestimmten Amplitude dieser Spiraldynamik die Trajektorie wieder zum Ursprung zurück gefaltet. Verantwortlich dafür ist der z Wert. Er wächst nur wenn der x Wert sehr anwächst, und treibt x und y wieder in Richtung Ursprung. Die Oszillationen mit wachsender Amplitude sieht man in den Zeitreihen der x und y Werte, siehe Abb. A.1 für die x Werte. Zum Training wurde eine Sequenz aus

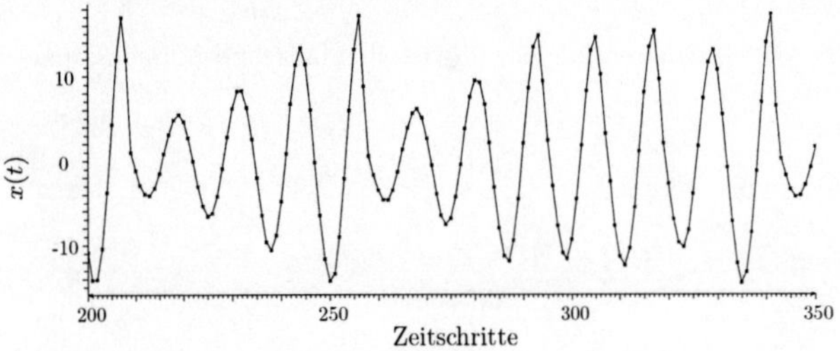

Abbildung A.2: Zeitreihe der x Koordinate des Rössler Attraktors, gezeigt ist ein Ausschnitt aus der Abb. A.1 mit markierten Datenpunkten.

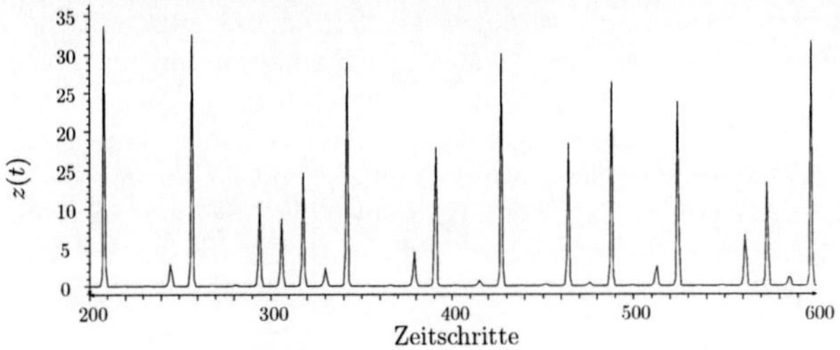

Abbildung A.3: Zeitreihe der z Koordinate des Rössler Attraktors über 400 Datenpunkte mit einem Abtastintervall von $\delta t = 0.5$.

400 Datenpunkten genutzt; ebenso ist die nur selten „schaltende" z Dynamik ersichtlich, siehe Abb. A.3. Zur Prädiktion wurde in Kap. 3.5 die x Koordinate mit einer Sequenz der Länge 400 benutzt. Die gewählte Abtastzeit ist $\delta t = 0.5$, in Abb. A.2 ist ein Ausschnitt mit den einzelnen Datenpunkten genauer gezeigt.

Lorenz 63

Die Lorenz (1963) Differentialgleichung ist ebenfalls eine 3 dimensionale Gleichung:

$$\begin{aligned}
\dot{x}(t) &= \sigma \cdot (y(t) - x(t)) \\
\dot{y}(t) &= -x(t)\, z(t) + r \cdot x(t) - y(t) \\
\dot{z}(t) &= x(t)\, y(t) - b \cdot z(t)
\end{aligned}$$

Die Gleichung wurde mit einer Schrittweite von $\triangle t = 0.01$ numerisch integriert und dann jeder dritte Zeitschritt zur Zeitreihe zusammengefaßt, d. h. die Schrittweite ist $\delta t = 0.03$. Die Variablen sind mit den typischen Standardwerten $\sigma = 16$, $r = 45.92$ und $b = 4.0$ belegt. Von diesem dynamischen System wurde auch die x Koordinate als Zeitreihe benutzt, eine Sequenz von 750 Zeitschritten, der Länge wie sie zur Strukturoptimierung der RNN in Kap. 4 eingesetzt wurde, ist in Abb. A.4 zu sehen, ein Ausschnitt davon mit markierten, einzelnen Datenpunkten in Abb. A.5. Für die Beispiele der SORNN war die Aufgabe eine 5 Schrittprädiktion mit SNR=30dB Rauschen, für den Lernvergleich in Kap. 2 zusätzlich auch die 1 Schrittprädiktion.

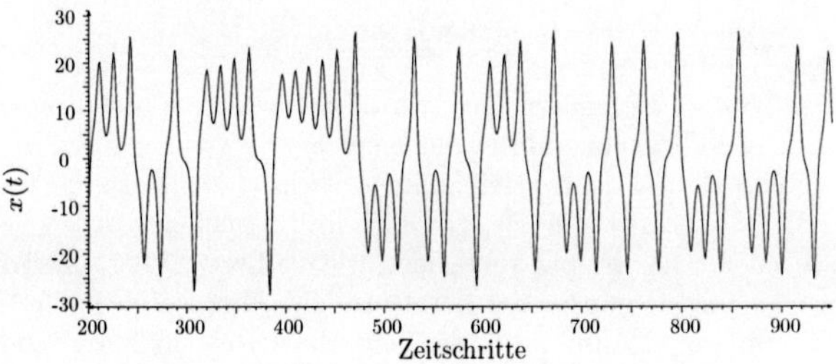

Abbildung A.4: Zeitreihe der x Koordinate des Lorenz Systems über 750 Zeitschritte.

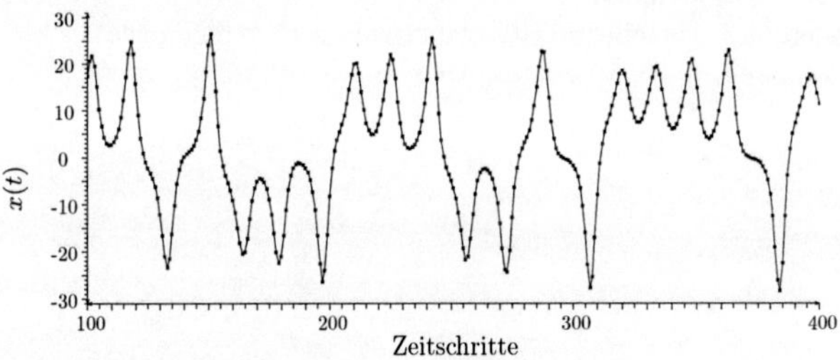

Abbildung A.5: Zeitreihe der x Koordinate des Lorenz Systems über 300 Zeitschritte mit markierten Datenpunkten.

Lorenz 84

Lorenz stellte (Lorenz 1984) in einem erweiterten Modell eine neue Differentialgleichung vor. Sie ist ebenfalls 3 dimensional:

$$\begin{aligned}\dot{x}(t) &= -y(t)^2 - z(t)^2 - a \cdot (x(t) - F)\\ \dot{y}(t) &= x(t)\,y(t) - b \cdot x(t)\,z(t) - y(t) + G\\ \dot{z}(t) &= b \cdot x(t)\,y(t) + x(t)\,z(t) - z(t)\end{aligned}$$

Die Variablen wurden folgendermaßen gewählt: $a = 0.25$, $b = 4.0$, $F = 8.0$ und $G = 1.0$. Die Gleichung wurde mit einer Schrittweite von $\triangle t = 0.01$ numerisch integriert und dann jeder fünfte Zeitschritt zur Zeitreihe zusammengefaßt, d. h. die Schrittweite ist $\delta t = 0.05$. Im Rahmen der Untersuchungen wurde sie ebenso als Beispiel verwendet, wie die Lorenz (1963) Zeitreihe; in der Arbeit kommt sie nur bei der Betrachtung der impliziten Einbettung, Abschnitt 3.3, vor. Zwei Ausschnitte der Zeitreihe der ebenfalls verwendetet x Werte sind in den nachstehenden Abbildungen A.6 und A.7 gezeigt, wiederum eine lange Sequenz und eine mit markierten Datenpunkten. In Abbildungen A.6 erscheint das Verhalten der Zeitreihe zwar etwas vielfältiger zu sein, als das des Lorenz 63 Attraktors, aber dafür sind bei dieser Zeitreihe die Veränderungen von einem Datenpunkt zum nächsten geringer als bei dem Lorenz 63 Modell, siehe Abbildung A.7.

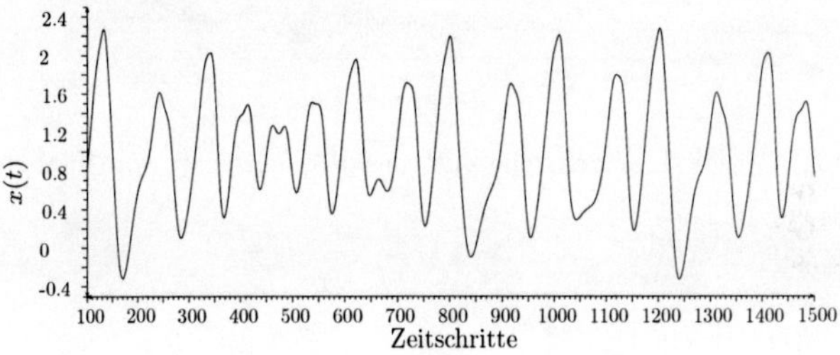

Abbildung A.6: Zeitreihe der x Koordinate des Lorenz Systems über 1400 Zeitschritte.

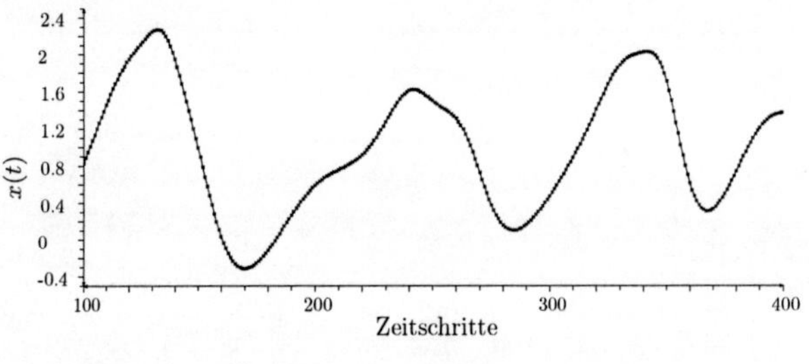

Abbildung A.7: Zeitreihe der x Koordinate des Lorenz Systems über 300 Zeitschritte mit markierten Datenpunkten.

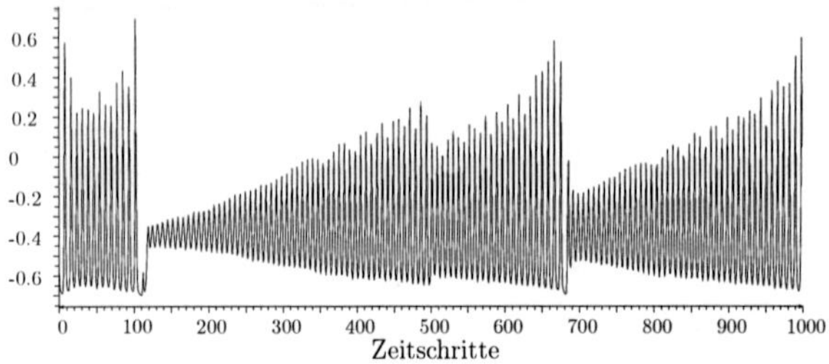

Abbildung A.8: Die Laserzeitreihe mit einer Sequemzlänge von 1000 Datenpunkten.

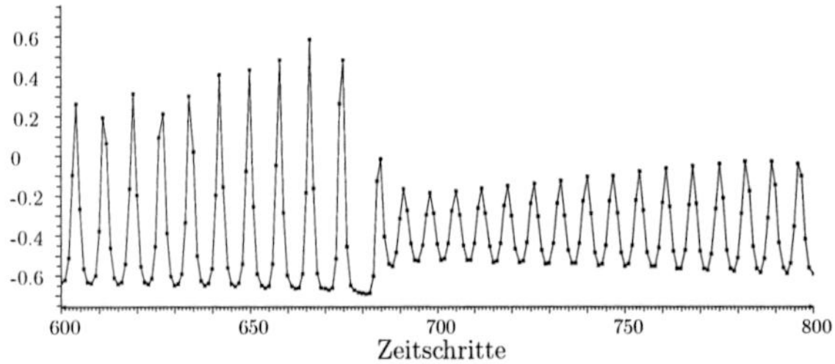

Abbildung A.9: Ausschnitt aus der Laserzeitreihe von $t = 600 - 800$.

Laser Zeitreihe

Die Laser Zeitreihe (Gershenfield und Weigend 1993) ist eine Zeitreihe aus 1000 Datenpunkte der Intensitätsschwankung eines Lasers. Die Zeitreihe ist mittlerweile eine Standardprädiktionsaufgabe geworden, die Daten sind im Internet verfügbar, eine genaue Beschreibung ist in (Gershenfield und Weigend 1993) zu finden. In Haken (1990) wird die Lorenzgleichung als Modell zur Beschreibung der Intensitätsdynamik eines Lasers hergeleitet. Die Zeitreihe kann also, wie die anderen verwendeten Zeitreihen auch, einem niederdmensionalen chaotischen System entstammen. Die Daten wurden, bis auf eine Normierung, nicht weiter vorverarbeitet, die Sequenz ist in den Abbildungen refFig::Laser1 und A.9 gezeigt.

Literaturverzeichnis

Abarbanel, H. und U. Lall (1996). Nonlinear dynamics of the great salt lake: System identification and prediction. *Climate Dynamics 12*(4), 287.

Abarbanel, H. D. I. (1996). *Analysis of observed chaotic data.* New York Berlin Heidelberg: Springer.

Aittokallio, T., M. Gyllenberg, T. Kuusela, J. Hietarinta, und T. Multamäki (1999). Improving the false nearest neighbors method with graphical analysis. *Physical Review E 60*, 416–421.

Amari, S.-I. (1977). Dynamics of pattern formation in lateral-inhibition type neural fields. *Biological Cybernetics 27*, 77 – 87.

Attali, J. und G. Pagès (1997). Approximations of Functions by a Multilayer Perceptron: a New Approach. *Neural Networks 10(6)*, 1069 – 1081.

Bäck, T. (1996). *Evolutionary Algorithms in Theory and Practice.* Oxford University Press.

Beyer, H.-G. (1993). Toward a Theory of Evolution Strategies: Some Asymptotical Results from $(1,^{+} \lambda)$–theory. *Evolutionary Computation 1(2)*, 165 – 188.

Beyer, H.-G. (1999). Evolutionary algorithms in noisy environments: Theoretical issues and guidelines for practice. *Computer Methods in Applied Mechanics and Engineering*. in print.

Bishop, C. (1995a). Regularization and complexity control in feed-forward neural networks. Technical Report NCRG/95/022, Neural Computing Research Group, Aston University, Birmingham, UK. http://neural-server.aston.ac.uk/.

Bishop, C. M. (1995b). *Neural Networks for Pattern Recognition.* Oxford: Oxford University Press.

Braun, H. (1997). *Neuronale Netze: Optimierung durch Lernen und Evolution.* Berlin Heidelberg: Springer.

Büning, H. und G. Trenkler (1994). *Nichtparametrische statistische Methoden.* Berlin: Walter de Gruyter.

Buzug, T. (1994). *Analyse chaotischer Systeme.* Zürich: BI Wissenschaftsverlag.

Casdagli, M., S. Eubank, J. Farmer, und J. Gibson (1991). State space reconstruction in the presence of noise. *PhysicaD 51*, 52 – 98.

Chen, T. und H. Chen (1995). Universal approximation to nonlinear operators by neural networks with arbitrary activation functions and its application to dynamical systems. *IEEE Transactions on Neural Networks 6*(4), 911 – 917.

Cheng, B. und H. Tong (1992). On consistent nonparametric order determination and chaos. *J.R. Statist. Soc. B 54*(2), 427 – 449.

Conner, J., L. Atlas, und D. Martin (1992). Recurrent networks and NARMA modeling. In *Neural Information Processing Systems 4*, pp. 301 – 308.

Conner, J. T., D. Martin, und L. E. Atlas (1994). Recurrent Neural Networks and Robust Time Series Prediction. *IEEE Transactions on Neural Networks 5*(2), 240 – 253.

Cover, T. (1991). *Elements of Information Theory.* Wiley.

de Vries, B. und J. Principe (1992). The gamma model – a new neural model for temporal processing. *Neural Networks 5*(4), 565 – 576.

Deco, G. und D. Obradovic (1996). *An Infomation-Theoretic Approach to Neural Computing.* Heidelberg Berlin New York: Springer.

Droste, S. und D. Wiesmann (1998). On representation and genetic operators in evolutionary algorithms. Eingereicht zu *IEEE Transactions on Evolutionary Computation.*

Elman, J. (1990). Finding structure in time. *Cognitive Science 14*, 179 – 211.

Elman, J. (1993). Learning and development in neural networks: the importance of starting small. *Cognition 48*, 71 – 99.

Emmerich, M., M. Grötzner, und M. Schütz (2000). Design of evolutionary algorithms: A case study for chemical process networks. *Evolutionary Computation*. im Druck.

Farmer, J. und J. J. Sidorowich (1987). Predicting chaotic time series. *Physical Review Letters 59*(8), 845–848.

Finke, A. (1999). Ein Vergleich von rekurrenten neuronalen Netzen und statistischer Zeitreihenmodellierung. Master's thesis, Lehrstuhl für computergestützte Statistik, Fak. für Mathematik, Universität Dortmund.

Fischer, G. (1989). *Lineare Algebra* (9 Ed.). Braunschweig/Wiesbaden: Vieweg.

Fogel, D. B. (1995). *Evolutionary Computation: Towards a New Philosophy of Machine Intelligence.* IEEE Press.

Fontana, W. und P. Schuster (1998). Shaping space: the possible and the attainable in RNA genotype–phenotype mapping. *J. theor. Biol. 194*, 491 – 515.

Fraser, A. (1989). Information and entropy in strange attractors. *IEEE Trans. Information Theory 35*(2), 245–262.

Fraser, A. und H. Swinney (1986). Independent coordinates for strange attractors from mutual information. *Phys. Rev. A 33*(2), 1134–1140.

Garey, M. R. und D. S. Johnson (1979). *Computers and Intractability, A Guide to the Theory of NP-Completeness.* New York: W. H. Freeman and Company.

Gayko, J., R. Lohmann, H. Voß, B. Sendhoff, und T. Zamzow (1997). Application of structure evolution to system state diagnosis. In *Proc Int Conference on Engineering Application.*

Geman, S., E. Bienenstock, und R. Doursat (1992). Neural networks and the bias/variance dilemma. *Neural Computation 4*, 1–58.

Gershenfield, A. und N. Weigend (1993). *Time Series Prediction: Forecasting the Future and Understanding the Past.* Santa Fe Institute, Studies in the Sciences of Complexity. Reading, MA: Addison-Wesley.

Giles, C., B. Horne, und T. Lin (1995). Learning a class of large finite state machines with a recurrent neural network. *Neural Networks 8*(9), 1359 – 1365.

Goerick, C. (1998). *Beiträge zur Theorie der Lerndynamik künstlicher neuronaler Netze.* Number 557. Düsseldorf: VDI-Verlag.

Goudreau, M., C. Giles, S. Chakradhar, und D. Chen (1994). First-order vs. second-order single layer recurrent neural networks. *IEEE Transactions on Neural Networks 5*(3), 511 – 513.

Grassberger, P., T. Schreiber, und C. Schaffrath (1991). Nonlinear time sequenz analysis. *International Journal of Bifurcation and Chaos 1*(3), 521–547.

Greiner, H. (1996). Robust optical coating design with evolutionary strategies. *Applied Optics 35*(28), 5477 – 5483.

Grüner, W., R. Giergerich, D. Strothmann, C. Reidys, J. Weber, I. J. Hofacker, P. Stadler, und P. Schuster (1996a). Analysis of RNA sequence structure maps by exhaustive enumeration I. neutral networks. *Monatshefte für Chemie 127*, 355 – 374.

Grüner, W., R. Giergerich, D. Strothmann, C. Reidys, J. Weber, I. J. Hofacker, P. Stadler, und P. Schuster (1996b). Analysis of RNA sequence structure maps by exhaustive enumeration II. structures of neutral networks and shape space covering. *Monatshefte für Chemie 127*, 375 – 389.

Guckenheimer, J. und P. Holmes (1983). *Nonlinear Oscillations, Dynamical Systems and Bifurcations of Vector Fields.* Springer.

Haken, H. (1990). *Synergetik* (3 Ed.). Berlin: Springer.

Hancock, P. J. (1992). Genetich algorithms and permutation problems: a comparison of recombination operators for neural net structure specification. In D. Whitley (Ed.), *Proceeding of COGANN workshop, IJCNN 92.* IEEE Press.

Harp, S., T. Samad, und A. Guha (1989). Towards the genetic synthesis of neural networks. In J. Schaffer (Ed.), *Proceedings of the 3rd International Conference on Genetic Algorithms*, pp. 360 – 369.

Haykin, S. (1994). *Neural Networks*. New York: Macmillan College Publishing Company.

Haykin, S. (1998). *Neural Networks: A Comprehensive Foundation* (2nd Ed.). New Jersey: Prentice Hall.

Hertz, J., A. Krogh, und R. Palmer (1991). *Introduction to the Theory of Neural Computation*. Addison-Wesley.

Heuser, H. (1988). *Lehrbuch der Analysis* (6 Ed.), Volume 2. Stuttgart: B.G. Teubner.

Hinton, G. und T. Sejnowski (1986). Learning and relearning in boltzmann machines. *Parallel Distributed Processing: Explorations in the Microstructure of Cognition, Vol: 1*.

Hornik, K., M. Stinchcombe, und H. White (1989). Multilayer feedforward networks are universal approximators. *Neural Networks 2*, 359 – 366.

Huber, P. (1985). Projection pursuit. *Annals of Statistics 13*(2), 435 – 475.

Iyer, M. und R. Rhinehart (1999). A method to determine the required number of neural-network training repetitions. *IEEE Transactions on Neural Networks 10*(2), 427 – 432.

Jackson, E. A. (1991). *Perspectives of Nonlinear Dynamics*, Volume 2. New York: Cambridge University Press.

Jetschke, G. (1989). *Mathematik der Selbstorganisation*. VEB Deutscher Verlag der Wissenschaften. jetzt: Verlag Harri Deutsch.

Jin, L. und M. Gupta (1996). Globally asymptotical stability of discrete-time analog neural networks. *IEEE Transactions on Neural Networks 7*(4), 1024 – 1031.

Jordan, M. (1986). Attractor dynamics and parallelism in a connectionist sequential machine. In *Proceeding of the Eigth Annual Conference of the Cognitive Science Society*, pp. 531 – 546.

Kantz, H. und T. Schreiber (1997). *Nonlinear time series analysis.* Cambridge University Press.

Kaplan, D. und L. Glass (1992). Direct test for determinism in a time series. *Physical Review Letters 68*, 427–429.

Kennel, J., R. Brown, und H. Abarbanel (1992). Determining embedding dimension for phase-space reconstruction. *Phys Rev A 45*(6), 3403 – 3411.

Kennel, M. und H. Abarbanel (1995). False neighbours and false strands: A reliable minimum embedding dimension algorithm.

Kermanshahi, B. (1998). Recurrent neural network for forescasting next 10 years load of nine Japanese utilities. *Neurocomputing 23*, 125 – 133.

Kitano, H. (1990). Designing neural networks using genetic algorithms with graph generation system. *Complex Systems 4*, 461 – 476.

Kitano, H. (1994). Neurogenetic learning: an integrated method of designing and training neural networks using genetic algorithms. *Physica D 75*, 225 – 238.

Koza, J. R. (1992). *Genetic Programming: On the Programming of Computers by Means Of Natural Selection.* Cambridge, MA: MIT Press.

Kreutz, M., A. M. Reimetz, B. Sendhoff, C. Weihs, und W. von Seelen (1999). Structure optimization of density estimation models applied to regression problems with dynamic noise. In D. Heckerman und J. Whittaker (Eds.), *Proceedings of the Seventh International Workshop on Artificial Intelligence and Statistics.* Morgan Kaufmann.

Kreutz, M., C. Sievers, A. Dietrich, und B. Sendhoff (1997). A programmers guide to pamper – classes & tools. Technical Report IRINI97-03, Institut für Neuroinformatik, RUB.

Krickeberg, K. und H. Ziezold (1995). *Stochastische Methoden* (4 Ed.). Springer.

Kuan, C. M., K. Hornik, und H. White (1994). A Convergence Result for Learning in Recurrent Neural Networks. *Neural Computation 6*, 420 – 440.

Kugiumutzis, D. (1996). State space reconstruction parameters in the analysis of chaotic time series – the role of the time window length. *Physica D 95*, 13–28.

Kuo, J.-M. und J. Principe (1994). A systematic approach to chaotic time series modeling with neural networks. In *IEEE Workshop on Neural Nets for Signal Processing.*

Lee, J.-N. und K.-S. Soh (1999). Determination of the proper embedding parameters for noisy time series. Nonlinear sciences preprint archive (xxx.lanl.gov/list/chao-dyn/9904 – chao-dyn/9904037).

Lee, S.-W. und H.-H. Song (1997). A New Recurrent Neural–Network Architecture for Visual Pattern Recognition. *IEEE Transactions on Neural Networks 8*(2), 331 – 340.

Lorenz, E. (1963). Deterministic nonperiodic flow. *J. Athmospheric Sci. 20*, 130 – 141.

Lorenz, E. (1984). Irregularity: A fundamental property of the atmosphere. *Tellus 36(A)*, 98 – 110.

Luenberger, D. (1973). *Introduction to Linear and Nonlinear Programming.* Reading, MA: Addison–Wesley.

MacKay, D. (1995). Probable networks and plausible predictions – a review of practical Bayesian methods for supervised neural networks. *Network: Comuptation in Neural Systems 6.* ftp://wol.ra.phy.cam.ac.uk/pup/www/mackay/network.ps.gz.

Macken, C. A. und P. F. Stadler (1995). Evolution on fitness landscapes. In L. Nadel und D. Stein (Eds.), *SFI Studies in the Sciences of Complexity, Lec. Vol. VI*, Lectures in Complex Systems, pp. 43 – 86. Addison-Wesley.

Mak, M., K. Ku, und Y. Lu (1999). On the improvement of the real time recurrent learning algorithm for recurrent neural networks. *Neurocomputing 24*, 13 – 36.

Marino, A. und A. Prügel-Bennet (2000). Genetic computation and highly symmetric problems. In *Theoretical Aspects of Evolutionary Computation*, Lecture Notes in Computer Science. Springer.

Martinetz, T., S. G. Berkovich, und K. J. Schulten (1993). "Neural-Gas" network for vector quantization and its application to time-series prediction. *IEEE Trans. on Neural Networks 4*(4), 558–569.

Martinetz, T. und K. Schulten (1994). Topology representing networks. *Neural Networks 7*(3), 507–522.

McKay, B. D. (1990). *nauty* user's guide (version 1.5). Technical Report TR-CS-90-02, Australian National University, Computer Science Department.

Miller, B. und D. Goldberg (1997). Genetic algorithms, selection schemes, and the varying effects of noise. *Evolutionary Computation 4(2)*, 113 – 131.

Miller, G., P. Todd, und S. Hedge (1989). Designing neural networks using genetic algorithms. In J. Schaffer (Ed.), *3rd Int Conference on Genetic Algorithms and their Applications*, pp. 379 – 384. Morgan Kauffman.

Moody, J. (1994). Prediction risk and architecture selection for neural networks. In V. Cherkassky, J. Friedman, und H. Wechsler (Eds.), *From Statistics to Neural Networks: Theory and Pattern Recognition Applications*, NATO ASI. Springer.

Narendra, K. und S. Mukhopadhyay (1994). Adaptive control of nonlinear multivariable systems using neural networks. *Neural Networks 7*(5), 737 – 752.

Narendra, K. und K. Parthasarathy (1990). Identification and control of dynamical systems using neural networks. *IEEE Transactions on Neural Networks 1*, 4 – 27.

Nerrand, O., D. Roussel Ragot, D. Urbani, L. Personnaz, und G. Dreyfus (1994). Training Recurrent Neural Networks: Why and How? An Illustration in Dynamical Process Modeling. *IEEE Transactions on Neural Networks 5*(2), 178 – 184.

Nissen, V. und J. Propach (1998). On the robustness of population-based versus point-based optimization in the presence of noise. *IEEE Transactions on Evolutionary Computation 2*(3), 107 – 119.

Omlin, C. W. und C. L. Giles (1996). Extraction of rules from discrete-time recurrent neural networks. *Neural Networks 9*(1), 41 – 52.

Orr, G. B. und K.-R. Müller (Eds.) (1998). *Neural Networks: Tricks of the Trade.* LNCS. Berlin Heidelberg New York: Springer.

Ostermeier, A., A. Gawelczyk, und N. Hansen (1995). A derandomized approach to self–adaptation of evolution strategies. *Evolutionary Computation 2*(4), 369 – 380.

Pearlmutter, B. (1995). Gradient calculations for dynamic recurrent neural networks: A survey. *IEEE Transactions on Neural Networks 6*(5), 1212 – 1228.

Pedersen, M. W. (1997). *Optimization of Recurrent Neural Networks for Time Series Modelling.* Ph. D. thesis, Department of Mathematical Modelling, Technical University of Denmark – Lgngby.

Peinke, J., J. Parisi, O. Rössler, und R. Stoop (1992). *Encounter with Chaos.* Berlin Heidelberg New York: Springer.

Pineda, F. und J. Sommerer (1993). Estimating generalized dimensions and choosing time delays: A fast algorithm. In A. Weigend und N. Gershenfield (Eds.), *Time Series Prediction: Forecasting the Future and Understanding the Past*, Volume 15 of *SFI Studies in the Science of Complexity*, pp. 367–387. Addision Wesley.

Prechelt, L. (1998). Early stopping – but when ? In G. Orr und K.-R. Müller (Eds.), *Neural Networks: Tricks of the Trade*, pp. 55 – 69. Springer.

Press, W., S. Teukolsky, W. Vetterling, und B. Flannery (1995). *Numerical Recipes in C - The Art of Scientific Computing.* Cambridge: Cambridge University Press.

Prichard, D. und J. Theiler (1995). Generalized redundancies for time series analysis. *Physica D84*, 476–493.

Priestley, M. (1981). *Spectral Analysis and Time Series.* London: Academic Press.

Prigogine, I. (1992). *Vom Sein zum Werden. Zeit und Komplexität in den Naturwissenschaften* (6. Ed.). München: Piper Verlag. Überarbeitete Neuausgabe, 1. Auflage 1979.

Puskorius, G. V. und L. A. Feldkamp (1994). Neurocontrol of nonlineear dynamical systems with kalman filter trained recurrent networks. *IEEE Transactions on Neural Networks.*

Radcliffe, N. (1993). Genetic set recombination and its application to neural network topology optimisation. In *Neural Computing and Applications*, pp. 67 – 90. Berlin Heidelberg New York: Springer.

Rana, S., L. Whitley, und R. Cogswell (1996). Searching in the presence of noise. In *Parallel Problem Solving from Nature,4*, pp. 198 – 207. Springer Verlag.

Rechenberg, I. (1994). *Evolutionsstrategie '94*. Stuttgart: Friedrich Frommann Holzboog Verlag.

Reidys, C., P. F. Stadler, und P. Schuster (1997). Generic properties of combinatory maps: Neutral networks of RNA secondary structure. *Bulletin of Methematical Biology 2*(59), 339 – 397.

Riedmiller, M. und H. Braun (1993). A Direct Adaptive Method for Faster Backpropagation Learning: The RPROP Algortihm. In *Proceedings of the IEEE International Conference on Neural Networks (ICNN)*, pp. 586 – 591.

Ripley, B. (1996). *Pattern Recognition and Neural Networks.* Cambridge: Cambridge University Press.

Robinson, A. und F. Fallside (1988). Static and dynamic error propagation networks with applications to speech coding. In D. Anderson (Ed.), *Neural Information Processing Systems.*

Rojas, R. (1993). *Theorie der neuronalen Netze: eine systematische Einführung.* Berlin Heidelberg New York: Springer.

Rosenstein, M., J. Collins, und C. J. De Luca (1994). Reconstruction expansion as a geometry–based framework for choosing proper time delays. *Physica D 73*, 82–98.

Rössler, O. (1976). *Phys. Letter 57A.*

Rudolph, G. (1994). Convergence analysis of canonical genetic algorithms. *IEEE Transactions on Neural Networks 5*, 96 – 101.

Rüger, S. M. (1996). *Zur Theorie künstlicher neuronaler Netze.* Ph. D. thesis, Fachbereich Informatik Technische Universität Berlin, Frankfurt a. Main. Verlag Harri Deutsch.

Rumelhart, D. E., G. E. Hinton, und R. J. Williams (1986). *Parallel Distributed Processing: Explorations in the Microstructure of Cognition*, Volume 1. Cambridge, MA.: MIT Press / Bradford Books.

Saarinen, S., A. Bramley, und G. Cybenko (1993). Ill–conditioning in neural network training problems. *SIAM J. Sci. Comput. 14*(3), 693 – 714.

Sauer, T. (1993). Time series prediction by using delay coordinate embedding. In A. Weigend und N. Gershenfield (Eds.), *Time Series Prediction: Forecasting the Future and Understanding the Past*, Volume 15 of *SFI Studies in the Science of Complexity*, pp. 175–193. Addision Wesley.

Sauer, T., J. Yorke, und M. Casdagli (1991). Embedology. *J. Stat. Phys. 65.*

Schmidhuber, J. (1992). A Fixed Size Storage $O(n^3)$ Time Complexity Learning Algorithm for Fully Recurrent Continually Running Networks. *Neural Computation 4*, 243 – 248.

Schuster, P. und W. Fontana (1998). Continuity in evolution: On the nature of transitions. *Science.*

Sendhoff, B. (1998). *Evolution of Structures.* Ph. D. thesis, Institut für Neuroinformatik, Ruhr–Universität Bochum.

Sendhoff, B., M. Kreutz, und W. von Seelen (1997). A condition for the genotype–phenotype mapping: Causality. In T. Bäck (Ed.), *International Conference on Genetic Algorithms.* Morgan Kaufman.

Siegelmann, H. und E. Sontag (1991). Turing compatibility with neural nets. *Applied Mathematics Letters 4*, 77 – 80.

Sontag, E. D. (1993). Neural Networks For Control. In H. Trentelman und J. Williams (Eds.), *Essays on Control: Perspectives in the Theory and its Applications*, Boston, pp. 339 – 380. Birkhauser.

Sperduti, A. (1997). On the computational power of recurrent neural networks for structures. *Neural Networks 3*, 395 – 400.

Stagge, P. (1998). Averaging efficiently in the presence of noise. In A. Eiben (Ed.), *Parallel Problem Solving from Nature, PPSN V*, Lecture Notes in Computer Science, pp. 188 – 197. Springer.

Stagge, P. und C. Igel (2000a). Neural network structures and isomorphisms: Random walk characteristics of the search space. In *Symposium on Combination of Evolutionary Computation and Neural Networks.* eingereicht.

Stagge, P. und C. Igel (2000b). Structure optimization and isomorphisms. In *Theoretical Aspects of Evolutionary Computation*, LNCS. Springer. im Druck.

Stagge, P. und B. Sendhoff (1997). An extended elman net for modeling time series. In W. Gerstner (Ed.), *International Conference on Artificial Neural Networks*, Lecture Notes in Computer Science. Springer.

Stagge, P. und B. Sendhoff (1999). Organisation of past states in recurrent neural networks: Implicit embedding. In M. Mohammadian (Ed.), *Computational Intelligence for Modelling, Control & Automatation*, pp. 21 – 27.

Stagge, P. und B. Sendhoff (2000). On the model dependence of time series reconstruction for prediction. eingereicht zu PhysicaD.

Suykens, J., J. Vandewalle, und B. De Moor (1995). *Artificial Neural Networks for Modelling and Control of Non-Linear Systems.* Boston: Kluwer Academic Publishers.

Takens, F. (1981). Detecting strange attractors in turbulence. In D. R. und L. Young (Ed.), *Dynamical Systems and Turbulence*, pp. 366 – 381. Springer Verlag.

Tao, G. und Z. Michalewicz (1998). Inver-over operator fir the TSP. In A. Eiben, T. Bäck, M. Schoenauer, und H.-P. Schwefel (Eds.), *Parallel Problem Solving from Nature – PPSN V*, Lecture Notes in Computer Science, Heidelberg Berlin New York, pp. 803 – 812. Springer Verlag.

Tong, H. (1990). *Non–linear Time Series.* Oxford: Clarendon Press Oxford.

Trint, K. und U. Utecht (1994). Mutation operators for structure evolution of neural networks. In Y. Davidor, H.-P. Schwefel, und R. Männer (Eds.), *Parallel Problem Solving from Nature – PPSN III*, pp. 492 – 501. Springer.

Tsoi, A. C. und A. Back (1997). Discrete time recurrent neural network architectures: A unifying review. *Neurocomputing 15*(4).

Unbehauen, R. (1995). *Systemtheorie* (5 Ed.). München Wien: Oldenbourg Verlag.

Unnikrishnan, K. und K. Venugopal (1994). ALOPEX: A correlation–based learning algorithm for feedforward and recurrent neural networks. *Neural Computation 6*, 469 – 489.

van der Smagt, P. und G. Hirzinger (1998). Solving the ill-conditioning in neural network learning. In G. Orr und K.-R. Müller (Eds.), *Neural Networks: Tricks of the Trade*, pp. 193 – 206. Springer.

Vapnik, V. N. (1995). *The Nature of Statistical Learning Theory.* Heidelberg Berlin: Springer.

Vapnik, V. N. (1998). *Statistical Learning Theory.* Wiley & Sons, Inc.

Wienholt, W. und B. Sendhoff (1996). How to determine the redundancy of noisy chaotic time series. *International Journal of Bifurcation and Chaos 6(1).*

Williams, R. J. (1989). A learning algorithm for continually running fully recurrent neural networks. *Neural Computation 1*, 270 – 280.

Williams, R. J. und J. Peng (1990). An efficient gradient–based algorithm for on–line training of recurrent network trajectories. *Neural Computation 2*, 490 – 501.

With, M. P. und J. Larsen (1997). Interpretation of recurrent neural networks. In *Proceedings of the IEEE Workshop on Neural Networks for Signal Processing 97.*

Wolf, A., J. Swift, H. Swinney, und J. Vastano (1985). Determining lyapunov exponents from a time series. *Physica D*(16), 285 – 317.

Wu, L. und J. Moody (1996). A smoothing regularizer for feedforward and recurrent neural networks. *Neural Computation 8*(3), 463 – 491.

Yao, X. (1999). Evolving artificial neural networks. *Proceedings of the IEEE 87*(9), 1423 – 1447.